Fazei-me Instrumento de Vossa Paz

VIVENDO A ESSÊNCIA DA ORAÇÃO DE SÃO FRANCISCO

Rejane:
com simplicidade
e sem nenhum esforço
conquistaste a minha
admiração, o meu respeito
e a minha amizade!
Feliz Natal!
Silvino
2006.

Fazei-me Instrumento de Vossa Paz

Vivendo a Essência da Oração de São Francisco

Kent Nerburn

Tradução: LUIZ A. DE ARAÚJO

EDITORA PENSAMENTO
São Paulo

Título do original: *Make Me an Instrument of Your Peace*

Publicado mediante acordo com Harper San Francisco, uma divisão da HarperCollins Publishers, Inc.

O primeiro número à esquerda indica a edição, ou reedição, desta obra. A primeira dezena à direita indica o ano em que esta edição, ou reedição, foi publicada.

Edição	Ano
2-3-4-5-6-7-8-9-10-11-12	01-02-03-04-05-06-07-08

Direitos de tradução para o Brasil
adquiridos com exclusividade pela
EDITORA PENSAMENTO-CULTRIX LTDA.
Rua Dr. Mário Vicente, 368 – 04270-000 – São Paulo, SP
Fone: 272-1399 – Fax: 272-4770
E-mail: pensamento@cultrix.com.br
http://www.pensamento-cultrix.com.br
que se reserva a propriedade literária desta tradução.

Impresso em nossas oficinas gráficas.

Tudo o que fazemos relacionado
com Deus é oração.

Santo Inácio de Loyola

Sumário

Oração de São Francisco

Senhor,
fazei-me instrumento de vossa Paz:
onde há ódio, consenti que eu semeie
Amor;
Perdão, onde há injúria;
Fé, onde há dúvida;
Esperança, onde há desespero;
Luz, onde há escuridão;
Alegria, onde há tristeza.

Ó Divino Mestre,
permiti que eu não procure tanto
ser consolado quanto consolar;
ser compreendido quanto compreender;
ser amado quanto amar.
Porque é dando que recebemos;
é perdoando que somos perdoados;
é morrendo que nascemos para a
Vida Eterna.

Introdução
A Luz do Sol de Deus

Quando tentamos compreender Deus, somos como crianças tentando reter nas mãos a luz do sol. Reconhecemos a presença de uma coisa inefável e misteriosa que, entretanto, nos escapa.

Foi sempre assim e assim sempre há de ser. Nós sabemos de cor que toda grande verdade espiritual contém uma simplicidade extrema, uma reluzente profundidade de significado que escapa à definição e dá à vida uma unidade que nenhuma quantidade de análise ou conhecimento é capaz de alcançar. Porém, quando tentamos captar essa simplicidade, não conseguimos. Ficamos com as tábuas de pedra, embora sonhemos ser tocados pela mão que as entregou.

Ao longo do tempo, erigimos enormes catedrais de significado e a elas damos o nome de teologia. São monumentos brilhantes construídos pelo nosso intelecto, valiosas expressões do máximo que somos capazes de fazer para nos aproximarmos da majestade e do mistério divinos por meio do pensamento. Mas, enfim, também elas são criações de pedra. Pode ser que nos aproximem dos caminhos de Deus na terra, mas não nos aproximam de Sua presença.

Em todas as tradições, de tempos em tempos surge uma obra que parece nos dar um vislumbre dessa presença. Que parece vir do próprio coração de Deus e conter o mistério e a majestade que com tanto anseio buscamos. Ela é tão clara, tão simples, tão direta e impalpável em sua verdade espiritual que transcende a análise e o entendimento. É luz solar que anima a catedral da nossa teologia, o toque da mão que entrega as tábuas de pedra.

A Oração de São Francisco é uma obra assim. Brilha por entre as contradições e ilumina a vereda do espírito qual uma luz vinda do coração de Deus. Embora nada peça que não possamos fazer, exige o impossível. É um brado poderoso no alto da montanha e uma serena oração murmurada com a cabeça baixa. É profunda e decididamente cristã, ainda que irrefutável e fundamentalmente universal. É a mão gentil que nos guia no longo e difícil caminho rumo a Deus.

O nosso é um tempo em que as pessoas de boa fé anseiam por um guia assim. Queremos ser capazes de trilhar a senda de Deus sem nos fecharmos para os caminhos alheios.

A Oração de São Francisco nos permite fazê-lo. Dá voz a nossa fé pedindo-nos que voltemos as costas para aqueles que escolheram outros caminhos. E é tão pura, tão humana, tão universal em sua expressão, que nenhuma pessoa de bom coração, de qualquer fé, a ela se oporia.

Há uma história contada por alguns povos indígenas da América do Norte sobre as estrelas no céu da meia-noite. Cada uma delas, dizem, é um orifício aberto no véu do firmamento pelas almas dos que morreram, e a luz que por eles fulgura é a luz de Deus, o Grande Espírito, o Grande Mistério.

São Francisco deve ser uma das estrelas mais brilhantes desse céu, pois ninguém nos deu mais da luz de Deus do que ele. Através de sua vida, de suas obras e do legado de sua alegre fé, ilumina o próprio centro do coração humano. E em parte alguma o faz de maneira tão bela quanto em sua delicada prece: "Senhor, fazei-me instrumento de vossa Paz."

Nesta bela e suave oração, ele nos toca a mais profunda humanidade e acende a chama de nossa divindade. Torna claro o caminho, faz com que as pedras ganhem vida. Nessas poucas e simples palavras, São Francisco põe a luz do sol de Deus em nossas mãos.

1

Senhor, fazei-me instrumento de vossa paz

Esta manhã, despertou-me o canto isolado de um pássaro. Um canto que penetrou a penumbra feito a luz do sol, tão doce e puro como se fosse o primeiro som ouvido em toda a criação.

Eu me aproximei da janela para ouvir. Alheio, o pássaro continuou seu hino solitário. A brisa se acalmara; os ruídos noturnos tinham silenciado. Em tudo havia paz. Era como se eu estivesse presenciando a aurora do tempo.

O dia começou a despertar lentamente. A luz adornou o horizonte distante, transformando em alfazema as bordas do céu. As árvores se puseram a oscilar com a mansa respiração do vento. Ao meu redor tudo se animou. Mas, acima de tudo, a voz do pássaro solitário cantava a celebração do dia.

À medida que a luz aumentava, outros sons se faziam ouvir. O farfalhar dos ramos, o latido de um cão, o corre-corre dos animais, as pessoas iniciando o dia. E, quando os ruídos da vida diurna se espalharam no amanhecer, o pássaro se calou. Tinha feito a sua parte. Agora, dava lugar a outras vozes mais altas. Seu canto desapareceu na música da manhã.

Esta é uma visão franciscana, tão próxima do primeiro verso da doce Oração de São Francisco: "Senhor, fazei-me instrumento de vossa Paz." Era como se o pássaro estivesse oferecendo o seu cântico ao sol, e só eu tive a bênção de estar presente para ouvir.

Pensei na imagem que um professor certa vez me ofereceu. Deus, disse ele, é como uma grande sinfonia na qual todos devemos tocar a nossa parte. Nenhum de nós consegue ouvir o todo; nenhum de nós tem capacidade de tocar todas as partes. Devemos estar dispostos a aceitar os limites do instrumento que nos foi dado e oferecer nossa voz como parte da grande e inimaginável criação que é a voz de Deus.

Esse pássaro, da plenitude de seu ser, estava oferecendo sua voz à criação. Eu me senti humilde e cheio de respeito por haver estado na sua presença.

Mais do que qualquer outro santo, São Francisco compreendeu a divindade da música. Cantava constantemente. Suas orações estão cheias de rogos para "cantar ao Senhor uma nova canção" e de pedidos para que a terra cante em louvor ao Senhor. Dizem que ele às vezes se detinha no meio do caminho, pegava um pedaço de pau e, imitando um violinista, punha-se a cantar. É como se a própria oração fosse uma canção para São Francisco, e a vida era uma oração.

Imagine a música que existia no seu tempo. Em um mundo sem máquinas, sem os ruídos da vida moderna e sem meios de captar os acordes esquivos e etéreos da música a não ser ouvindo-os quando eram criados, devia ser uma coisa verdadeiramente milagrosa ouvir os sons harmoniosos e inesquecíveis gerados pelo sopro ou pelo vibrar das cordas. Ela devia alçar vôo, como os passarinhos, e pairar sobre os refugos dos dias como a própria voz de Deus.

Que objeto mais venerado podia existir nesse mundo do que uma coisa fabricada por mãos hábeis, coisa que era capaz de criar tais sons e transformar o sopro e o dedilhar em melodia? Tocar um instrumento devia ser uma habilidade divina. E ser um instrumento devia ser algo verdadeiramente sagrado.

Quando pede para ser feito instrumento da Paz de Deus, São Francisco está se curvando ante a capacidade de Deus como criador, como músico, como o compositor dos nossos dias, e oferecendo-se para ser moldado em uma forma que permita ouvir a voz de Deus.

Quando nos entregamos a essa oração, fazemos o mesmo.

Certa vez, viajando de trem no Canadá, eu conversei com uma mulher. Ela era música, uma violinista que, quando menina, se apresentou com importantes orquestras sinfônicas na América do Norte e na Europa. Era um prodígio, um desses raros indivíduos cujo talento parece vir de um lugar muito além do reino das coisas humanas normais.

Aos vinte e poucos anos, ela trocou repentinamente o violino pela viola, a prima mais grave e menos celebrada do instrumento no qual ela já obtivera um sucesso assombroso. Pareceu-me uma decisão estranha. Ela havia feito uma carreira promissora de violinista; o repertório para a viola solo é limitado; e a parte a ela atribuída na maioria das composições musicais é muito menos importante e complexa que a criada para o violino.

Por que, eu lhe perguntei, você abandonou um instrumento tão vivo e vibrante, tão favorecido pelos compositores e respeitado pelas orquestras, e se voltou para um instrumento tão calmo, discreto e geralmente desdenhado como a viola?

Sua resposta foi simples e direta:

— Eu gosto de sua voz. É mais parecida comigo.

Tal qual o pássaro a cantar uma canção solitária em homenagem à manhã, essa mulher contentava-se simplesmente em fazer a sua parte e recolher-se depois, quando a música era dominada pelos instrumentos mais dramáticos e vistosos da orquestra. Ela sabia que era mais importante tocar a partir da plenitude do seu ser do que procurar a fama e favorecer algo que não lhe vinha do coração.

É esta a verdade que São Francisco nos ensina.

A maioria de nós não vive uma vida especial. Raramente somos convocados a fazer grandes pronunciamentos ou a empreender feitos heróicos. Nós nos apaixonamos, criamos os filhos, sofremos, ajudamos os necessitados quando podemos. À noite, vamos para a cama sem saber ao certo se nossos atos tiveram algum efeito.

Porém, quando nos convida a orar para sermos instrumentos da Paz de Deus, São Francisco está nos lembrando de que devemos honrar a nossa parte na música da criação, pouco importa que ela seja humilde ou grandiosa. Ele está nos lembrando de que o que nos pedem pode ser apenas o oferecimento de um gorjear ao amanhecer ou o toque de algumas notas suaves e puras contrapondo-se à música brilhante do violino. Mas, se aceitarmos humildemente o nosso instrumento como uma dádiva e o tocarmos bem, teremos feito a nossa pequena parte para ajudar a criar a sinfonia da voz de Deus.

Logo essa bela oração nos pedirá que voltemos os olhos para as nossas responsabilidades de zeladores da terra. Seremos chamados a semear o amor, a bondade, a consolação, a esperança. Todavia, durante este breve momento, São Francisco nos lembra que nós somos o junco pelo qual passa o sopro de Deus, as cordas em que vibra a sua música.

Durante este breve momento ele nos lembra que nós, nossas vidas, somos música no coração de Deus.

2

Onde há ódio, consenti que eu semeie amor

Quando eu tinha dezoito anos e havia acabado de concluir o curso colegial, passei um verão trabalhando como jardineiro num clube de campo. Lá havia um guarda, um homem já idoso que, durante anos, vira dezenas de rapazes como eu chegarem e partirem. Ele me observava e achava graça quando eu ia trabalhar com passos arrastados nas manhãs de segunda-feira, desanimado e sonolento depois de um fim de semana de festas, noitadas e farras.

Nunca me criticou, nunca me censurou. Mas sempre que me via particularmente exausto e desgrenhado, aproximava-se e cochichava: "Se você der carona ao diabo, logo ele há de querer pegar o volante e dirigir."

Isso era quase um ritual e não tardou a se transformar numa piada. Mas, no fundo do coração, eu sabia o que ele estava dizendo. Aquela advertência tão simples me ajudou mais para ficar no bom caminho que todas as aulas e sermões que ouvi na vida.

Anos depois, quando eu estava trabalhando numa reserva indígena, recebi a mesma lição de outro modo. Na comunidade, havia um senhor mais velho encarregado de trabalhar com os jovens que se metiam em encrencas. Ele ouvia a pessoa, dava-lhe conselhos, contava-lhe histórias dos ancestrais e procurava ensinar-lhe um pouco de suas tradições. Depois de algum tempo, quando achava que havia atingido o jovem, ia até a parede de sua sala de estar e pegava uma forquilha que ficava pendurada em um gancho.

Uma das pontas da forquilha era pintada de vermelho; a outra, de preto. Ele a segurava pelo cabo e apontava a extremidade bifurcada para o rapaz ou a moça.

— Há dois caminhos na vida — dizia —, o vermelho e o negro. O vermelho é o caminho da ajuda e da dedicação. O negro, o do egoísmo e do ódio. O primeiro leva à vida e à luz. O segundo, à morte e às trevas. Agora, escolha. — E não afastava a forquilha enquanto a pessoa não segurasse uma das pontas. A maioria delas preferia a vermelha.

— Muito bem — ele dizia. — Agora lembre-se: estas bifurcações são como o caminho vermelho e o negro. Quanto mais você avançar num deles, mais se afastará do que rejeitou. Agora vá e comece a trilhar o caminho vermelho.

Tal qual o sábio conselheiro da minha juventude, esse velho conhecia um dos maiores segredos da vida, que é exatamente aquele que constitui a base da profunda sabedoria da Oração de São Francisco. Quanto mais avançamos em certo caminho da vida, tanto mais ele nos molda e nos afeta o coração e o espírito. Se pusermos o pé no caminho das trevas, mergulharemos nas trevas. Se o colocarmos no da luz, avançaremos em direção à luz. Essa é uma lei fundamental do coração humano.

Quando São Francisco nos pede que semeemos amor onde há ódio, está invocando a mesma lei. Ele não diz que devemos manifestar o amor plenamente florescido: só quer que plantemos a semente — seja a do amor, a do perdão, a da fé, a da esperança, a da luz ou a da alegria —, pois sabe que, se a plantarmos, ela crescerá e, se for cuidada, em breve ficará forte o bastante para combater as forças obscuras contra as quais se mobiliza.

Nesta primeira invocação, "Onde há ódio, consenti que eu semeie Amor", ele põe à prova até o limite a nossa fé nessa verdade.

O ódio é a mais temível de todas as emoções humanas. Ele é obstinado e destruidor. Tudo consome ao seu redor. Para sustentar sua vida obscura, precisa de um objeto de que se nutrir. Se ficarmos perto dele, sabemos que ele enfim se voltará contra nós e tentará nos consumir também. O ódio nos enche de medo e, quase todos, quando confrontados com ele, simplesmente queremos fugir.

Mas São Francisco nos manda enfrentá-lo. E pede que respondamos ao ódio com o amor. Se nos afastarmos, estaremos apenas deixando que o mundo avance mais no caminho negro. Devemos ter fé em que as sementes que plantarmos no coração do outro só podem gerar coisas boas.

Mas como fazer isso? Nosso amor é frágil e comprometido, está eivado de interesse próprio. O ódio parece ser tão puro, ativo e forte. Talvez os grandes espíritos — gente como Gandhi, Madre Teresa, São Francisco e Martin Luther King — tenham força para semear o amor em face do ódio. Porém a maioria de nós somos pequeníssimos; nosso coração é por demais ordinário. Quando confrontados com o ódio, queremos fugir antes que ele faça mal ao nosso corpo, ao nosso espírito ou àqueles que amamos.

Acontece que São Francisco entende o coração humano melhor que nós. Ele sabe que o amor é mais forte que o ódio porque este não passa de uma força ativa e deletéria proveniente de um centro vazio. Ele ataca tudo ao seu redor, mas, no âmago, é uma solidão ou uma mágoa profunda que se calcificou de tal maneira que só consegue se expressar pelo desejo de destruir tudo quanto é bom, delicado e gentil. O amor, mesmo o mais frágil, é capaz de conquistar o ódio, pois o centro vazio deste último vive pedindo em silêncio para ser preenchido pelo amor.

Se pensarmos nas pessoas mais malvadas e mais cheias de ódio que conhecemos, é bem possível que também tenhamos visto um lugarzinho onde elas podem ser tocadas: a presença de um neto, o afeto por um cachorro ou por um gato, uma lembrança de tempos melhores. Porém elas estão de tal modo blindadas em seu ódio que não querem que vejamos tal coisa. São capazes de tudo para disfarçar sua brandura, porque esta é uma janela que dá para a vulnerabilidade do seu próprio coração, e a única proteção com que contam é a couraça desse mesmo ódio.

No entanto, se nos aventurarmos a plantar uma semente de amor — sabendo que o solo em que ela cairá, embora rochoso, ainda tem bondade suficiente para que o amor crie raízes e brote — pode acontecer um milagre.

Todo ano eu redescubro essa verdade na época do Natal, quando tiro do armário minha roupa de Papai Noel, pinto o nariz e as bochechas de vermelho, ponho uma barba e uma peruca brancas e vou para a rua a fim de oferecer a presença do bom velhinho a quem quer que eu encontre.

Eu nunca sei o que vai acontecer. Já me vi em lares em que homens e mulheres se levantaram da cadeira de rodas para sentar-se no meu colo. Brigas em bares cessaram simplesmente porque eu entrei. Topei com deficientes mentais que se puseram a cantar ao me ver passar. Certa vez, uma mãe me parou na calçada e me levou para a casa dela para que eu ouvisse os pedidos de seu filho doente.

Branco, preto, chinês, índio, moço, velho, cristão, judeu: não importa. Quando eu sou Papai Noel, não há barreiras de raça, idade, saúde ou religião. Papai Noel é um sonho inocente da infância e, quando me transformo nele, eu conto com a confiança e o abraço de toda e qualquer pessoa que ainda guarda esse sonho no coração.

Lembro-me de uma ocasião em que vesti a roupa vermelha, pus a barba branca e fui para uma região particularmente violenta da cidade. Era um projeto habitacional notório pelas gangues e pelas drogas, sendo que os habitantes viviam com medo, de portas trancadas, de janelas com grades.

Saí do carro e me dirigi ao centro comunitário uma quadra adiante. Sempre procuro estacionar a certa distância do meu destino para que as crianças não vejam Papai Noel atrás do volante de um automóvel. No caminho, um grupo de adolescentes me cercou e se pôs a zombar de mim. Não se tratava de simples brincadeira; era uma coisa violenta, cujo desfecho não prometia ser nada bom.

Pouco depois, chegou um carro com outro grupo de rapazes, estes de vinte e poucos anos. Eram uns seis. E tampouco pareciam ter boas intenções. Quando viram o que estava acontecendo, saltaram e vieram na minha direção. Eu, que esperava o pior, imaginei-me espancado, sangrando, estendido na calçada de uma das piores ruas da cidade.

Porém eles passaram por mim e foram diretamente para o lugar onde estavam os adolescentes. O maior e mais ameaçador deles agarrou um dos garotos pela nuca e disse: — Não se meta com Papai Noel. — Ele voltou-se para mim. — Desculpe, Papai Noel. Esses moleques são uns ignorantes. Vamos, venha. Você tem muito que fazer.

E me levou pelo bairro, prédio por prédio, a lugares a que, em circunstâncias normais, eu nunca me atreveria a ir. Ainda me lembro do barulho das portas sendo destrancadas toda vez que alguém olhava pela janela com grades e via que era Papai Noel.

Não tardou para que as pessoas começassem a sair à rua e para que as crianças me rodeassem. Os adolescentes que minutos antes me fustigavam passaram a organizar os meninos em fila, exigindo que se comportassem e esperassem tranqüilamente sua vez de conversar comigo.

Não havia uma pessoa naquela rua que não dissesse que aquele lugar era perigoso, um antro de drogas, crime e ódio. Mas, naquele dia, as portas se abriram e todos tivemos a oportunidade de entrever o coração humano indefeso. E o que vimos não foi ódio, mas o desejo profundo e invencível de dar e receber amor.

São momentos como esse que nos dão coragem de semear amor em face do ódio. Pois, se não o fizermos, se dermos as costas ou enfrentarmos o ódio com o nosso próprio ódio, estaremos permitindo que as trevas cresçam no mundo. Estaremos nos recusando a confiar no poder do nosso amor e, afastando-nos, deixaremos que o mundo que nos cerca avance um pouco mais no caminho das trevas.

Conta-se a história de um dos seguidores de São Francisco, o irmão Ângelo, que, um dia, ouviu baterem à porta do mosteiro de Monte Casale. Ao abri-la, viu-se diante de três mendigos nos quais reconheceu três perigosos assaltantes que haviam participado de uma onda de roubos e assassinatos em toda a região.

Irritadíssimo com a presença daqueles homens, ele se pôs a gritar: — Não basta que vocês roubem o fruto do trabalho da gente honesta. Agora vocês querem tirar o pouco que têm os servos de Deus! — E os enxotou aos berros. — Vocês não são dignos de nenhum lugar na terra. Não têm respeito pelos homens e desprezam o Deus que os criou. Sumam daqui e não apareçam mais!

Voltando de um dia inteiro a esmolar, São Francisco foi informado do que fizera o irmão Ângelo. Imediatamente, mandou-o levar pão e vinho aos bandidos e pedir-lhes desculpas pela maneira como os havia tratado. Lembrou-lhe que Jesus ensinara aos apóstolos a atender os doentes, não os que têm saúde. E, assim, mandou-o procurar os ladrões e assassinos que ele havia expulsado.

Na história, os criminosos naturalmente se arrependem dos pecados e se entregam a uma vida de penitência e contrição. No mundo em que vivemos, nem sempre isso acontece. Aliás, a triste verdade é que raramente acontece, caso aconteça.

Mas a lição é muito clara. Se nos preocuparmos apenas com as pessoas boas do mundo, não estaremos fazendo o trabalho de Deus. E, se permitirmos que as ações odiosas dos demais determinem a nossa reação a eles, transformar-nos-emos em espelhos de seu ódio. Estaremos permitindo-lhes que coloquem os nossos pés no caminho negro que eles trilham e nos afastem cada vez mais do caminho do amor que sabemos que é o de Deus e da vida.

É fácil nos afastarmos do ódio e nos escondermos atrás de uma roupagem de retidão, como fez o irmão Ângelo. Mais fácil ainda é nos concentrarmos unicamente no que há de bom na vida e desprezar o ódio que não nos atinge diretamente. Porém São Francisco, que em toda parte via beleza e esplendor, nos desafia, já no começo de sua oração, a olhar o ódio nos olhos e a confiar no poder do nosso amor de se opor a ele.

Este não é um desafio pequeno. Exige que superemos o nosso medo e tenhamos fé no poder da bondade. Pede que acreditemos que o nosso amor persistente é forte o bastante para fincar raízes em um campo que parece asfixiado pela erva daninha do ódio.

Contudo São Francisco não teria colocado esse pedido em primeiro lugar se não o considerasse importantíssimo. Ele quer que afirmemos a nossa convicção de que somos capazes de fazer a diferença. Quer que percebamos que, mesmo em presença de algo tão assustador e deletério quanto o ódio, o nosso pequeno amor, lutando e frágil como é, há de prevalecer.

Lembre-se, diz ele, que o amor é um hábito do coração e uma inclinação do espírito. Todo dia, mil vezes em mil dias, somos chamados a fazer escolhas que nos inclinam para as trevas ou para a luz. Todas elas são significativas; algumas podem nem parecer escolhas. Mas cada uma faz com que o nosso coração avance no caminho vermelho ou no negro.

Se conseguirmos levar uma pessoa cheia de ódio a fazer ainda que a menor das escolhas a favor da bondade e do amor, estaremos fazendo com que seu coração recue no caminho das trevas e avance no caminho da luz.

Teremos semeado a semente do amor naquele lugar vazio no centro do seu coração e, embora ela não se dê conta, o amor lançou raízes e começou a ganhar vida.

O que essa pessoa não percebe, e o que São Francisco nos lembra, é que esse pequeno ramo de amor, aparentemente insignificante e inconseqüente, continuará crescendo. Tornar-se-á parte do legado que ela levará consigo na viagem da vida.

E, se conseguirmos fazer com que ela leve esse pedacinho de amor e de bondade na sua jornada, algo estranho e miraculoso há de acontecer. Pode ser que, em breve, esse amor já não se satisfaça apenas com a carona. Pode ser que, em breve, ele queira pegar o volante e dirigir.

3

Perdão, onde há injúria

Certa vez, conversei com um homem que sofrera muito em uma penitenciária de segurança máxima. Quando lhe perguntei qual tinha sido a lição mais importante que aprendera ali, ele pousou em mim um olhar triste e disse: — Você não seria capaz de acreditar no que há no coração humano. O mal existe, sim!

A verdade é que nunca me esqueci do pavor que essas palavras me causaram. E, por mais que eu queira acreditar no contrário, os fatos que acontecem diariamente no mundo tornam praticamente impossível negar essa afirmação.

Que fazer então com o mandamento de São Francisco, segundo o qual se deve retribuir a injúria com o perdão?

Devemos acreditar que é preciso perdoar todos os tipos de crimes e transgressões, por monstruosos que sejam?

Acaso somos chamados a alcançar um estágio de elevação espiritual no qual seja possível aceitar os males do mundo como reflexos de um propósito divino muito superior?

Ou esse mandamento de São Francisco não passa do frívolo lugar-comum de um homem que viveu confortavelmente na terra e nunca teve de enfrentar perguntas como o que fazer se um maluco lhe invadir a casa e matar toda a sua família?

Essas questões desafiam o fiel mais seriamente disposto a seguir o caminho de São Francisco em um mundo repleto de duras realidades. E não admitem respostas fáceis. No entanto, uma vez, eu tive uma experiência que me fez descobrir de pronto quais são algumas dessas respostas.

Estive num tribunal em que julgavam um rapaz acusado de matar uma moça que passou por ele na rua. O rapaz não a conhecia pessoalmente. E a moça não o tinha ofendido de modo algum. Seu crime fora simplesmente ser jovem e estar viva no lugar errado e na hora errada. Ele e um amigo a arrastaram a um bosque, encostaram-lhe um revólver na cabeça e lhe estouraram a parte posterior do crânio.

O promotor público descreveu o homicídio nos mais macabros detalhes e exibiu um saco de papel manchado de sangue, com a roupa da vítima. Foi uma coisa horrível, difícil de suportar. A maioria dos presentes desviou o olhar. No entanto, o pai da garota assassinada ficou o tempo todo impassível, acompanhando o julgamento, observando o rapaz.

E quando tudo terminou e o réu foi considerado culpado, anunciou que ia visitá-lo na prisão: queria conhecê-lo.

As pessoas ficaram assombradas. Por que uma pessoa que sofrera o que aquele homem havia sofrido faria tal coisa?

Mas ele insistiu: — Esse rapaz e eu ficamos ligados para sempre — disse. — Precisamos nos conhecer. Não sei se sou capaz de perdoá-lo. Mas talvez, se eu o conhecer, eu consiga não odiá-lo. Trata-se de uma cura e de uma reconciliação.

Nesse momento, a mensagem de São Francisco ficou clara para mim. Quando ele nos manda semear o perdão, está pedindo que procuremos a cura e a reconciliação, não a aprovação e a aceitação. O pai da moça assassinada não aprovaria de modo algum o que o rapaz fez. Não se sabe sequer se o seu coração lhe permitiria aceitar o fato impensável que ocorrera, embora fosse claro que era isso que ele estava tentando fazer. Mas não era impossível tentar reconciliar dois homens cujas vidas tinham ficado ligadas para sempre pela morte de uma moça e, depois desse acontecimento horrível, realizar, até certo ponto, o entendimento e, oxalá, um crescimento criativo.

Este é um tema difícil. Quase ninguém tem condições de empreender semelhante esforço. Eu sei que não tenho essa grandeza de espírito. Mas também sei, no fundo do coração, que o pai enlutado fez a escolha certa. Tentou fazer com que o mundo fosse além do ponto do horror e transformasse uma circunstância tão sombria, que poucos conseguem imaginar, num momento de cura e crescimento.

A chave está na palavra *injúria*. São Francisco não disse, "perdão, onde houver coisa malfeita" nem "perdão, onde houver crime". Disse: "perdão, onde houver injúria". E injúria implica a possibilidade de cura.

A cura se eleva acima da questão do certo ou do errado, acima até mesmo do bem e do mal. Significa restaurar uma vida para a saúde.

Se formos capazes de encarar o perdão não só como desculpa, mas para fazer o que for necessário a fim de restaurar a saúde do corpo e do espírito, essa recomendação de São Francisco subitamente parece menos impossível e desligada de nossas vidas. Aliás, parece ser o mais sábio dos conselhos.

O pai da moça assassinada não tem como mudar o que aconteceu. Pode ser que passe o resto da vida perguntando por que esse fato teve de ocorrer para, como um anjo sombrio, devastar-lhe o coração até o fim da vida. Mas ele não tem o poder de mudar o que aconteceu.

O que São Francisco nos diz é que, quando se dão esses acontecimentos incompreensíveis, nosso objetivo deve ser promover a cura da maneira como formos capazes. Esse é o único modo de nos livrarmos do grito congelado no tempo e cumprir nossa responsabilidade de co-criadores de significado no universo.

Uma vez mais, é preciso recordar que São Francisco nos convoca unicamente para "semear". E "semear" não implica que uma coisa esteja plenamente desenvolvida; significa apenas que foram plantadas as sementes da possibilidade. Ainda que o pai da moça assassinada não encontre a menor possibilidade de perdão em seu coração, procurando a reconciliação e a cura em algum nível, estará espalhando as sementes da possibilidade de perdão e desculpa no futuro.

Talvez isso venha a acontecer. Talvez não. Não cabe a ele dizer se as sementes que plantou caíram em solo fértil. É aí que entra a fé na bondade e na misericórdia de Deus. Porém, mesmo que passe o resto de seus dias rilhando os dentes, rasgando as vestes e brandindo os punhos contra o céu, ele estará inclinado para a esperança. Estará dizendo que, mesmo sem compreender, mesmo sem ser capaz de compreender, ele está tentando a cura. E é na intenção que vive a semente de uma possível solução.

Há uma passagem famosa no livro do Êxodo, em que Moisés e Aarão pedem ao faraó que deixe seu povo sair do Egito. Este insiste em recusar. E a Bíblia nos conta que, a cada pedido, o coração do faraó endurecia.

Pois é esse mesmo endurecimento do coração que acontece conosco quando não nos inclinamos para a cura. A cada dia que passa e a cada recusa a buscar a reconciliação, ficamos mais calejados e mais fechados para a possibilidade de reconciliação. E a ferida causada pela injúria torna-se, cada vez mais, parte do nosso ser.

Se buscarmos a cura, é verdade que a ferida pode se transformar numa cicatriz horrenda. Mas, pelo menos, a vida continua. Quando não se permite a cura, a pessoa ferida morre.

É isso que acontece conosco quando nos recusamos a semear a cura e a reconciliação. Nosso coração e nosso espírito perecem. Talvez seja exatamente o que queremos. Talvez seja esse o nosso testamento, a coluna comemorativa daquilo que perdemos. Mas não é esse o caminho que São Francisco nos aconselha a seguir. Ele nos manda semear o perdão, por mais difícil que seja.

Afortunadamente, a maioria de nós não se confronta com injúrias mortais como a do pai que perdeu a filha. As injúrias que criamos e as que experimentamos geralmente não passam de pequenos insultos e afrontas. O trabalho exigido para iniciar o processo de cura não é grande. É uma medida constante de nossa humanidade erguermo-nos acima dessas injúrias e perdoar os que as causam, do mesmo modo que nos perdoamos a nós mesmos quando as causamos aos demais.

Eu sempre penso na maneira como os índios dakotas reagiam às pequenas ofensas. O jovem que, por exemplo, passasse entre um ancião e a fogueira — um gesto profundamente indelicado em sua cultura — limitava-se a dizer: "Eu errei." Era o reconhecimento sincero de um erro de julgamento, desprovido de qualquer recriminação ou diminuição de si mesmo. Todos os presentes concordavam com um gesto, e a vida prosseguia.

Como são sadias essas atitudes! Nós todos cometemos erros de julgamento e precisamos de perdão. Se tivéssemos a opção de simplesmente reconhecer o nosso erro e continuar cuidando da vida, como o mundo seria mais fácil e gentil! E como os nossos corações seriam mais sadios se encarássemos as injúrias que os outros nos causam como meros erros de seres humanos que, do mesmo modo que nós, lutam para ingressar em um mundo complexo e misterioso.

Nossa vida esbarra desajeitadamente na vida dos outros. Uma palavra errada, um ato precipitado fazem parte de nossa existência tanto quanto o gesto generoso e o ato de amor. Todos somos culpados deles; todos os recebemos. Não há surpresa quando eles acontecem, seja partindo de nós contra os outros, seja partindo dos outros contra nós. A única surpresa é que nunca deixamos de cometer esses erros e que tenhamos tanta dificuldade para perdoá-los quando os outros os cometem contra nós.

Nossa tarefa cotidiana, na vida, é descobrir um meio de perdoá-los, em nós e nos outros, sem desprezar nem diminuir o erro cometido. E, se o crime for grave a ponto de não conseguirmos achar no coração perdão a oferecer, pelo menos podemos dar o primeiro passo rumo à cura. Talvez, com o tempo e a graça de Deus, surja também o perdão.

O que São Francisco nos convida a fazer é viver a vida a favor da cura do modo como somos capazes de oferecê-la. Sim: nós podemos enfrentar o mal do mundo. Sim: podemos experimentar os erros que desafiam a nossa capacidade de perdão. Mas se, como o pai desesperado da moça assassinada, dermos os primeiros passos hesitantes no sentido da cura, estaremos espalhando as sementes do perdão. E onde se planta a semente do perdão, pode ser que um dia desabroche a flor do verdadeiro perdão.

4

Fé, onde há dúvida

Outro dia apareceu um rapaz à minha porta. Era sério, inteligente e tinha uma missão.

Eu sabia que Jesus era o meu salvador pessoal? Sabia que Deus tinha um plano maravilhoso para a minha vida?

Evidentemente, ele era novato nesse trabalho. Estava nervoso e inseguro. A roupa, também nova em folha, ficava desajeitada nele. Parecia um jovem vendedor no primeiro dia de trabalho. E, até certo ponto, não passava disso. Mas o que estava vendendo era sua visão da verdade divina, coisa que o entusiasmava. Como eu o ouvisse sem rejeitá-lo, foi adquirindo mais coragem e confiança.

Eu não queria me sentar e conversar sobre Jesus? Nunca tivera dúvidas sobre a minha vida? Estava disposto a ler a Bíblia com ele?

Eu lhe dei ouvidos e, de certo modo, cheguei a invejá-lo.

Aquele moço mostrava-se apaixonado pela sua fé. E, embora fosse óbvio que ia de porta em porta para cumprir uma obrigação de sua igreja, fazia-o com alegria no espírito.

Mais que as palavras que dizia, foi a sua presença que me desafiou. Minha fé não devia ser assim também? Escusando-me de pregar publicamente, o que faço não é encobrir minha luz e agir como aqueles a quem Jesus se referia ao dizer: "Tu és morno e eu te cuspirei da minha boca"?

Não quero ser morno. Não quero ser cuspido da boca de Deus. Quero que minha fé ofereça luz e consolação aos demais. Todavia, em sã consciência, não posso impor a minha fé aos outros. Já vi muita coisa neste mundo para acreditar na primazia da minha fé. É preferível manifestá-la em Deus a professá-la em público.

No entanto, as palavras de São Francisco ecoavam na minha mente. Ele não andava pelas ruas professando a sua fé, procurando compartilhá-la, desafiando os silenciosos a livrar-se dos grilhões da incerteza e a cantar em alta voz a alegre canção do Senhor?

Talvez. Mas nós vivemos numa época complexa. Já nos cansamos de ver a guerra da fé transformada em ideologia, o verdadeiro crente convertido em zelote. Sabemos que outras pessoas de bom coração e profunda fé em Deus escolheram, em outras épocas, caminhos espirituais muito diferentes dos nossos. Parece uma afronta à riqueza da experiência humana e, aliás, à própria onipotência de Deus pretender que a verdade que nos foi dada é única.

Acaso somos, de fato, ousados a ponto de dizer que o nosso é o único caminho? Há muitos entre nós que, tal qual o rapaz à minha porta, acreditam que sim. Vêem qualquer caminho que não seja o deles como o das trevas e acreditam, de todo coração, que devem sofrer qualquer indignidade pessoal e fazer o que for para levar as pessoas a crer como eles crêem. Estão convencidos de que o Deus deles exige isso.

Ocorre que eu não posso participar dessa convicção. Vi o judeu devoto levar o filho ao templo; ouvi a índia orientando os filhos a aprender os caminhos do amor com os bichos do mato. Vi a paz e a serenidade profundas do budista que se ergue humildemente da meditação silenciosa.

Para mim, Deus usa muitas máscaras e fala com muitas vozes. Não posso, sinceramente, acreditar que essa gente esteja seguindo uma trilha de Deus que seja menos valiosa, menos verdadeira, do que a que me foi dada ou ao jovem que bateu à minha porta.

Nesse caso, como hei de receber a admoestação de São Francisco para semear fé onde houver dúvida se eu mesmo não sou capaz de afirmar a universalidade da minha fé e prefiro ajoelhar-me, em particular, perante Deus a cantar em seu louvor em animadas celebrações públicas?

A resposta, creio, está nas próprias palavras de São Francisco: semear fé onde houver dúvida. Pois, mesmo sem acreditar no nosso direito de moldar a fé alheia, podemos perfeitamente tentar plantar sementes de fé que cada um possa plasmar. É a dúvida deles que somos convocados a inspirar, não a fé. E este é um ministério que todos os que compartilhamos a crença em Deus — independentemente de como o compreendamos — podemos exercer.

A dúvida faz parte da condição humana. Duvidamos da nossa capacidade de ser bons pais, bons filhos, de cumprir todas as obrigações com que deparamos em um dia. Contudo, isso não nos imobiliza. Seguimos adiante com a fé que temos, progredindo a passos vacilantes, esforçando-nos sempre para alcançar a luz.

Quando, porém, se trata da fé em Deus, não temos confiança no valor da nossa própria luta. Achamos que a fé deve chegar a nós feito uma luz deslumbrante, transformando-nos, transportando-nos num arrebatamento divino. Queremos ser, como Paulo na estrada de Damasco, arremessados ao chão por uma verdade que não podemos negar. Se a nossa fé não é assim, pensamos, não temos fé nenhuma.

Acontece, no entanto, que nem sempre a fé é tão dramática. Às vezes, ela é uma silenciosa modelagem, um edifício construído, tijolo por tijolo, pelo duro labor do coração.

Certa ocasião, passei algum tempo num mosteiro beneditino criando uma escultura para a abadia. Os monges eram bons e santos, mas eu fui ficando cada vez mais descontente com o que percebia como uma aspereza do coração daqueles homens, como uma falta de empatia e de compaixão para com o sofrimento do mundo que os rodeava.

O abade, percebendo isso, chamou-me em particular. — Continue a trabalhar — disse-me. — O trabalho purificará. — Foi um estranho conselho, bem distante da maneira normal de falar. Nos meses seguintes, porém, comecei a compreender o que ele queria dizer. Dediquei-me ao caminho espiritual beneditino e não tardei a vislumbrar, ainda que vagamente, a grande luz espiritual para a qual ele apontava.

Longe de carecer de compaixão e empatia com os pobres e os infelizes, aqueles homens haviam tomado a decisão consciente de apartar-se das efêmeras preocupações do mundo a fim de se devotar, incessantemente e com absoluta concentração espiritual, à missão de orar pelas almas de todas as pessoas, ricas e pobres, vivas e mortas. — Que os outros se ocupem das necessidades do corpo — argumentavam. — Nossa missão espiritual é concentrarmo-nos nas necessidades da alma. — À sua maneira e com muita pureza de espírito, estavam executando a sua parte na grandiosa sinfonia de Deus. Eu simplesmente não tinha sintonia com a voz uníssona da espiritualidade beneditina.

Por fim, a escultura ficou pronta e eu deixei a abadia. O caminho beneditino não era o meu. Porém, como o marinheiro que passa ao largo da costa de um país belo e inimaginável que não é o seu, entrevi uma verdade tão grandiosa e transformadora que estava além da imaginação.

Houvesse ficado no mosteiro, duvido que chegasse a ter aquele tipo de experiência transformadora que associo à conversão. Mas, dia a dia, ano a ano, meu espírito ter-se-ia embebido de uma luz que, finalmente, me haveria dominado, transformando todo o meu ser.

Foi esse o conselho do abade: formação espiritual, não conversão, a abertura gradual do coração, mediante o trabalho diligente e humilde, para a consciência de uma verdade espiritual mais profunda.

Não é outro o caminho da fé que quase todos trilhamos. Trata-se do mesmo tipo de esforço espiritual que empreende o hindu devoto ao submeter-se a uma longa e rigorosa jornada para a iluminação espiritual mediante a prática da ioga. Trata-se do mesmo tipo de labor espiritual a que se entrega a juventude dakota, que sai, ano após ano, em busca de uma visão, ou a mãe dakota, que coloca a criança debaixo de uma árvore para que ouça a música dos ramos e aprenda com as atividades dos pássaros. Embora seja diferente a visão de Deus que cada um alcança, o método de desenvolvimento espiritual é o mesmo. Eles tomam um caminho, inclinam o coração para a luz e confiam na verdade rumo à qual avançam.

No começo, qualquer um desses empreendimentos pode parecer totalmente sem propósito. Mas é preciso afastar a descrença para avançar rumo à fé. Do contrário, desistimos, nos afastamos e abandonamos o exercício como uma futilidade e uma desilusão.

Mas, se persistirmos — se tivermos fé —, gradual e lentamente, com um sentimento cada vez maior de intensidade e ratificação interior, as atividades a que nos dedicamos começarão a nos moldar a consciência e a nos informar e colorir o espírito. O ceticismo e a dúvida que nos serviram de ponto de partida inundar-se-ão gradualmente de luz, e a fé começará a morar onde antes só tinha lugar para a dúvida.

É assim que se semeia a fé onde há dúvida, mesmo que a nossa não seja uma chama ardente. Tomamos esses dons espirituais tal como os temos e os utilizamos para colocar os outros em seus próprios caminhos espirituais, sejam eles quais forem.

Cada um de nós tem as sementes que nos foram dadas para semear. São dons de nossa própria compreensão espiritual. Temos constância de propósito? Um sentimento de devota vigilância? Temos um sentimento profundo de compaixão pelos outros seres humanos ou uma compreensão profunda da realidade de Deus? Talvez tenhamos amor por Jesus ou por uma ciência profunda do darma. Ou o conhecimento da música que o vento canta nas árvores.

Esses dons podem não ser provas deslumbrantes e arrebatadoras de fé pessoal, mas servem de ponto de partida para a jornada espiritual.

Eu penso com freqüência na história pungente dos Evangelhos da mulher que, fazia doze anos, sofria de hemorragia. Estando em meio à multidão que cercava Jesus quando Ele pregava, ela pensou:

— Será bastante que eu toque a sua veste, e ficarei curada.

E, em silêncio, acercou-se e tocou a orla da veste de Jesus. Ficou curada imediatamente. Foi o mero contato com a roupa que a curou. Ela não foi erguida, destacada dos demais, abraçada. Não se submeteu à grandiosa luz da verdade. Aproximou-se humildemente, tocou em Deus onde lhe era possível tocar e teve fé em que seria salva.

Às vezes devemos nos contentar em apenas tocar a orla da veste de Deus — em roçar as grandes verdades espirituais com nossos próprios dons espirituais, por humildes que sejam.

Não devemos perder nunca de vista o fato de que a fé não se confunde com a certeza. Nesse caso, seria conhecimento. A fé é o grande salto sobre o abismo do desconhecido para a escuridão incerta. É a capacidade de caminhar com confiança ali onde não há conhecimento, de avançar nas trevas rumo à luz, por pálida que seja. O próprio Jesus, em seu momento de maior medo, gritou: "Deus meu, Deus meu, por que me abandonaste?" Devemos, então, ser tão severos com a nossa dúvida e tão críticos com os outros?

É preciso lembrar que há mais gente vivendo na sombra da dúvida que à luz ofuscante da fé. Quando mostramos aos demais que também nós nos debatemos com a dúvida e, mesmo assim, continuamos a avançar na fé rumo àquela luz distante e insondável, damos a eles amparo nas trevas de sua incerteza e testemunhamos o valor de seu esforço. Fortalecemos sua coragem de tocar a orla da veste de Deus à sua própria maneira. E, assim fazendo, plantamos sementes de fé tão certamente quanto se estivéssemos a arder no fogo de uma crença particular, professando-a com certeza e convicção.

Devemos dar o testemunho de que somos capazes e dirigir esse testemunho rumo à luz de Deus. Dar de comer a quem tem fome, confortar quem está só, visitar o doente e assistir o caído — seja o que for que façamos para aumentar a luz da bondade, é aí que começa o nosso testemunho.

Falar de nosso Deus, manifestar nossa fé, possibilita aos outros ver que, mesmo sem nos sentirmos no direito de afirmar uma verdade absoluta, temos, no coração, uma paz que vem da crença na existência de uma verdade eterna da qual procedemos e à qual retornaremos. Que os demais saibam que nossa fé honra a deles e a recebe com um sentimento humilde de respeito e reconhecimento.

Quando estava à porta de casa, olhando para aquele rapaz ao mesmo tempo tão frágil e tão seguro de sua fé, eu soube que a medida da minha fé não era ser tão incandescente quanto ele, mas ser capaz de aceitar seu imaturo testemunho.

Quando encontrar uma pessoa igualmente vibrante em uma fé diferente da dele, talvez esse jovem se lembre do homem que recebeu o seu testemunho e, em vez de discutir, receba o testemunho dessa pessoa que conhece Deus por um rosto ou um nome diferente.

Isso, eu acho, é o que São Francisco me mandaria fazer. Neste mundo em que o ceticismo e a incredulidade são considerados emblemas de inteligência e em que as religiões conflitantes se chocam como exércitos na noite, minha disposição a aceitar variedades de crença e a ter humildade diante delas é uma semeadura tão valiosa quanto qualquer profissão de fé pessoal, cega.

Embora o próprio São Francisco, incendiado por uma fé ofuscante, em circunstâncias semelhantes cantasse e dançasse a sua fé em Deus, são muitas as moradas na casa do Pai. Decerto não havemos de desdenhar aqueles, dentre nós, que escolhem um testemunho mais sereno e buscam humildemente conduzir à casa do Pai os de coração mais fraco, independentemente da porta que escolham para entrar.

5

Esperança, onde há desespero

Talvez o desespero seja o maior dos crimes contra o espírito humano. Ele proclama que o nosso mundo não é suficientemente grande para superar as trevas que nos cercam o coração. Retira de Deus e do universo a possibilidade de redenção. Despoja-nos da esperança.

Quem conhece o momento em que a tristeza profunda se converte em desespero e se apaga a luz mortiça da possibilidade, deixando-nos atordoados em face à marcha obscura e absurda do tempo?

Quando o desespero invade uma pessoa, não há lógica, não há palavra de consolo, capaz de oferecer um bálsamo significativo. A alma desesperada fica de olhos vazios, sem enxergar, sem vontade. E as palavras de consolação não passam de um chocalhar de ossos ressecados no chão.

Então, como dar esperança onde há desespero?

Eu me lembro da época em que morava em uma cidadezinha da Alemanha. Vivia cercado de uma solidão inexprimível e inconsolável. Eu não conhecia ninguém. Não tinha com quem falar a minha língua. E ia mergulhando numa tristeza cada dia mais profunda e que parecia não ter fim.

Um dia, procurando fugir de mim mesmo, tomei o trem e fui a uma cidade distante, onde estava passando um filme americano. Eu esperava que ouvir o meu idioma e ver imagens da minha terra me aliviariam o espírito.

Cheguei horas antes do início da sessão. Sentei-me no banco de uma esquina e fiquei vendo a cidade recolher-se ao anoitecer. Um a um, os comerciantes fecharam as janelas, trancaram as portas e foram, apressados, para os ônibus ou os automóveis que os levariam para casa e para a família. Ninguém se dignou a olhar para mim ao passar.

A escuridão encobriu as montanhas. As luzes se acenderam nas casas distantes. Não tardou para que as ruas ficassem vazias, e eu me vi a sós, contando apenas com a companhia das imagens sombrias que me povoavam a mente.

Na rua, ouvi ao longe um ruído estranho e abafado. Erguendo os olhos, avistei um homem que vinha na minha direção. Estava de terno, mas com a camisa fora da calça e a gravata torcida para um lado. Seu andar era incerto; ele vinha cambaleando e esbarrando na parede. Era evidente que estava embriagado. E chorava.

Naqueles meses de Alemanha, os bêbados tinham se

tornado amigos meus. Também eles geralmente viviam sozinhos. Não se importavam com o meu sotaque estrangeiro e, em um país em que eu tinha tão pouco contato, muitas vezes abriam o coração para mim.

Eu sorri quando o homem se aproximou tropegamente.

— *Guten Abend* — disse.

O homem se voltou e me endereçou o olhar mais triste que eu já tinha visto. Seu rosto estava banhado de lágrimas. Não acredito que tenha visto, antes ou depois, um semblante assim torturado em outro ser humano.

Ele se pôs a soluçar novamente e mergulhou o rosto nas mãos. Seu corpo se sacudia, tremia. Parecia prestes a cair.

— *Sitzen Sie* — eu convidei.

— *Danke* — ele respondeu e, praticamente, desabou ao meu lado. E ali ficamos, na penumbra, esforçando-nos para encontrar uma linguagem comum com a qual nos comunicar. O meu alemão era precário, mas praticável. Seu inglês era bom, mas ele o havia esquecido fazia muito tempo. E foi numa confusa mistura dos dois idiomas que eu ouvi a sua história.

O homem era um juiz muito respeitado na comunidade. Naquela manhã, quando ele estava indo trabalhar, uma menina passou correndo diante de seu carro. Sem tempo de frear, ele a atropelou e matou no mesmo instante. Desde então, estava bebendo e vagando pelas ruas.

— Eu sou um juiz — dizia sem cessar. — Eu sou um juiz. Como posso ter feito uma coisa dessas? — Era como se a sua situação na vida e sua respeitabilidade devessem tê-lo protegido contra um acontecimento tão horrível. E mais: ele sentia que havia traído a confiança de toda a comunidade.

Com meu alemão rudimentar, tentei achar palavras que lhe acalmassem o espírito. Mas não havia como consolá-lo. Ele sabia que não tinha sido culpa dele; sabia que fora um acidente. — Eu continuo a vê-la na minha frente — soluçou. — Por que não consegui parar?

Uma vez mais, tentei dizer algumas palavras que o ajudassem, mas ele me interrompeu: — Não fale! Eu não preciso de palavras. Só preciso de alguém perto de mim.

Fiquei ao lado dele, naquela esquina, até tarde da noite. Ele não queria ir a lugar nenhum. Não queria conversar. Às vezes, segurava minha mão; às vezes, se punha a soluçar convulsivamente. Mas quando eu fazia menção de ir embora ou tentava deixá-lo na privacidade de sua dor, ele dizia: — Não! — e me agarrava a mão para que ficasse.

Nessa noite, aprendi uma coisa profunda sobre o desespero e o significado da ajuda que se pode oferecer. É do dom da nossa presença que a alma desesperada precisa, nem mais, nem menos.

Quando estamos com uma pessoa desesperada, ficamos em vigília. Não lhe podemos atingir a consciência com a nossa, nem somos capazes de oferecer uma consolação que lhe toque as trevas. Tal qual Jesus no Jardim de Getsêmani, a pessoa só quer que fiquemos ali, que estejamos com ela.

O desespero é uma enfermidade da alma. Para curar-se, a alma desesperada depende só de si. O maior bem que temos para dar é o nosso testemunho generoso e solidário. Pois quando ficamos em vigília com o espírito desesperado, mais do que qualquer outra coisa, negamos o vazio no qual ele deseja mergulhar. Com a nossa presença, afirmamos um valor que o espírito não sente. Damos testemunho de uma possibilidade na qual ele não crê. Desafiamos as trevas.

Para ajudar alguém a enfrentar o desespero, como eu tentei fazer nessa noite, pouco importa a situação ou o *status* que temos na vida, ou mesmo se nos consideramos um ser humano bom e atencioso. A esperança que oferecemos é a mera presença de outro espírito, menos devorado pelas trevas, que se recusa a retirar sua luz.

Isso pode não ser esperança. Pode não ser nada. Mas, quando se trata do verdadeiro desespero, só um espírito forte e corajoso é capaz de ajudar. Afinal, até mesmo os apóstolos abandonaram Jesus em seu pior momento de trevas e dúvida.

Se formos capazes de ficar com uma pessoa em seu momento de trevas e dúvida e de simplesmente testemunhar, estaremos praticando um ato sagrado, e o coração ferido o saberá. Com o mudo testemunho de nossa presença, estaremos dizendo: "Você é filho de Deus e tem importância." E isso basta para que um coração magoado retorne, ainda que só por um momento, e sinta a presença da luz.

6

Luz, onde há escuridão

A beleza desta maravilhosa oração está no otimismo e na delicadeza que, às vezes, parecem excluir aqueles, dentre nós, que estão passando por momentos profundamente sombrios na vida.

"Onde há ódio, consenti que eu semeie amor." "Onde há tristeza, consenti que eu semeie alegria." São belos sentimentos para quem acredita que tem, dentro de si, algo para dar. Mas para onde havemos de nos voltar quando estamos sofrendo: quando não sentimos amor, quando não temos alegria, quando somos cascas vazias sem sementes que plantar, sem vida para dar? Então devemos retornar às orações mais tristes — ao Salmo 23, com suas palavras reconfortantes para os que andam "pelo vale da sombra da morte", ou ao grito desesperado de Jesus no Jardim de Getsêmani — em busca de consolação? Acaso a doce oração de São Francisco nada tem a nos dizer em momentos assim?

Antigamente eu acreditava nisso. Afastava-me da oração nos momentos de tristeza e desolação pessoal. Pensava que São Francisco era o espírito alegre de Deus, celebrando a vida, e que sua oração visava orientar delicadamente os que caminhavam na direção da luz. Para aqueles cuja vida mergulhara nas trevas ou na tragédia, a oração não tinha relevância. Quando o cálice fosse afastado de nós, se fosse, poderíamos nos voltar novamente para São Francisco, para suas palavras cheias de esperança, e retomar a tarefa de procurar ser um instrumento da paz de Deus. Mas, nos momentos de escuridão, suas palavras não pareciam oferecer consolação à alma.

Porém, convivendo com essa oração, passei a pensar de outro modo. Descobri que ela contém uma sabedoria especial para os tempos de profunda agonia pessoal. E, fiel ao espírito de São Francisco, é uma sabedoria não tanto de consolação quanto de esperança.

Essa sabedoria só voltou para mim certa manhã, há vinte anos, numa praia deserta do México. Lambendo a ferida profunda de um amor perdido e confuso quanto ao rumo que a minha vida tomaria, viajei àquele lugarejo solitário e abandonado para reavaliar meus sonhos e contemplar as tristes perspectivas de meu horizonte interior.

A praia era um longo crescente que se projetava no azul do mar. Ali se aglomerava um pequeno povoado. Não se tratava de uma cidadezinha de cartão postal, com casas caiadas e mercados coloridos. Tratava-se de um rude e brutal amontoado de casebres em torno de uma praça poeirenta, numa região isolada do país, distante de todo conforto e de qualquer noção de civilização tal como eu a conhecia. As famílias moravam em barracos feitos do capô de carros abandonados e papelão; a escola mais próxima ficava a quase duzentos quilômetros; de noite, os rapazes bebiam cerveja e amarravam cães no pára-choque de uma velha caminhonete e os arrastavam ao redor da praça até que morressem.

Eram poucos os turistas — só um ocasional amante da pesca ou um naturalista interessado em estudar a abundante vida marinha daquele litoral. Eu escolhera o lugar ao acaso no mapa e fora para lá quase num ato de desafio, percorrendo praticamente às cegas os últimos cem quilômetros no deserto, já que a estrada era pouco mais que uma vaga marca de pneus na areia dura.

Naquela manhã particular, passeando pela praia, avistei uma coisa boiando no mar. A princípio, pensei que fosse um peixe grande ou uma variedade de tartaruga marinha. Mas, olhando melhor, percebi que era o cadáver de um homem. E usava roupa americana.

Tirei de seu bolso o documento de identidade e voltei correndo ao povoado a fim de informar as autoridades que encontrasse. Mandaram-me a um pequeno *trailer*, onde o funcionário local me disse que eu seria obrigado a ficar na cidade até que o caso fosse solucionado.

Fiquei dando voltas no calor inclemente, tentando matar o tempo. Não tardou para que reparasse numa mulher, uma americana, andando nervosa na praia. Estava à procura do pai, que tinha sido criado naquele vilarejo e viera visitá-lo. Na noite anterior, tinha saído para jogar baralho com uns conhecidos, e ela não o via desde então.

Eu lhe pedi que se sentasse, contei-lhe o que acabava de acontecer e disse o nome que constava no documento. Ela deixou escapar um gemido desconsolado e mergulhou a face nas mãos.

Eu pus o braço em seus ombros e me calei, sentindo seu corpo sacudir-se em soluços. Ao longe, do outro lado da baía, via aquela forma clara na água e o guarda solitário que fora incumbido de vigiá-la até que uma autoridade superior chegasse de Ensenada, uma cidadezinha a muitos quilômetros dali.

Foi uma cena horrível, surrealista, que me ficou gravada para sempre na memória. Mas que também me ensinou uma grande lição. Pois embora eu me sentisse oco e vazio, sem nada para dar, toda a minha vida — os anos que passei ajudando meu pai a dar assistência a vítimas de desastre e às suas famílias, minha experiência no seminário em localizar o ponto da necessidade espiritual das pessoas, meu bem-estar em lugares isolados, e mesmo a profunda desolação espiritual que me envolvia na época, além do simples fato de eu também ser americano — fez de mim a pessoa certa, naquele momento, para oferecer o mínimo de conforto e assistência de que aquela mulher desesperada e sua família precisavam.

Passei todo o dia seguinte ao lado deles, testemunhando silenciosamente o seu luto e fazendo o que fosse necessário para ajudá-los a enfrentar a dura provação que lhes coubera. Não comi; não dormi. Não pensei em mim, na minha situação. Não me pus a observar, com o terceiro olho, os atos que estava praticando. Durante aquele breve momento, fiquei fora de mim, vivendo unicamente o presente, retirando o necessário de um desconhecido reservatório do meu ser, sem pensar ou ter consciência do significado de minhas ações, sem levar em conta o bem que podia estar fazendo.

Por fim, as autoridades liberaram o corpo, e eu acompanhei a família enlutada em um cortejo macabro atrás do antiqüíssimo carro funerário mexicano que, atravessando montanhas estéreis e arroios, dirigia-se à cidadezinha de Ensenada. Lá, a agência funerária local providenciou o transporte do corpo para os Estados Unidos.

Quando o transe finalmente ficou sob controle — estando todos os funcionários pagos, todos os papéis assinados e achando-se todos em segurança no lado americano da fronteira —, a mulher me abraçou como se eu fosse o seu último vínculo com a vida. — Obrigada por ter nos ajudado a voltar para cá — disse quase num murmúrio. E foi embora.

Nunca mais voltei a vê-la. Não sei como se chama. Não sei quando, como nem onde seu pai foi enterrado. Só sei que, durante um breve momento, eu fui chamado a levar luz a uma grande escuridão e levei. E, nesse breve momento, a escuridão do meu próprio coração perdeu o significado. Eu fui verdadeiramente um instrumento da paz de Deus e, por isso, sempre me sentirei humilde e abençoado.

Esse episódio no México me acompanha até hoje, não só por causa do quadro horrivelmente impressionante que apresentou como também devido à inesperada força de espírito que consegui encontrar em mim num momento em que estava convencido de que não tinha nenhuma luz para dar a ninguém. Mas na verdade eu tinha luz, embora só conseguisse ver a minha escuridão. E essa pequenina luz acabou sendo grande na vida de outra pessoa.

Este é o consolo que a oração de São Francisco oferece aos que se vêem mergulhados em sua própria escuridão. Ela não nos convoca a *ser* luz, apenas a *dar* luz. Nós não somos o caminho, a verdade e a luz, e não se exige de nós que sejamos. Somos apenas uma chama breve que não deve permanecer encoberta. Nossa tarefa consiste em simplesmente oferecer a iluminação de que somos capazes na escuridão que nos cerca.

E não nos enganemos quanto a isso: nós vivemos cercados de escuridão. Embora haja atos de bondade em toda parte e as pessoas boas continuem dando com generosidade, sem esperar recompensa, o triste fato é que as crianças seguem morrendo de fome, ainda se cometem crimes contra os inocentes, e os velhos continuam passando os dias com medo, isolados em quartos vazios. Queiramos ou não, as famílias ainda acordam para encontrar os entes queridos afogados numa praia deserta e distante. Os que se recusam a reconhecer isso não honram o mistério e a complexidade do mundo em que vivemos.

O gênio espiritual de São Francisco, assim como a fonte de sua sabedoria, está no fato de ele saber reconhecer essa escuridão ao mesmo tempo que nos mostra a luz. Ele mesmo conhecia muito bem a escuridão. Vivia atormentado pelo desejo do conforto de uma esposa e uma família. As ruas que percorria eram povoadas de mendigos, de leprosos que lhe jogavam membros podres na tentativa desesperada de obter conforto e esmola. Seus frades foram aprisionados, ridicularizados e espancados ao pregar na Alemanha. Ele mesmo foi objeto de zombaria quando tentou avisar os líderes de uma cruzada acerca de uma carnificina iminente, e não lhe restou senão chorar amargamente quando seus monges o notificaram, solenemente, da morte de 4 mil homens cujo triste fim ele não conseguiu evitar. No entanto, diante de tudo isso, nunca perdeu a fé na capacidade de que todas as pessoas têm de fazer o bem.

"Semear luz na escuridão", ele dizia, e saiu pelo mundo para semear essa luz tanto quanto lhe era possível. Pois sabia que cada porção de luz, cada pequeno gesto, é necessário. Não nos cabe julgar o valor da nossa própria luz nem saber se ela é vista.

Penso com freqüência em algo que presenciei na escola do meu filho no ano passado. A professora, uma mulher bondosa e dedicada, estava se preparando para ir para casa na tarde de uma sexta-feira. O dia tinha sido longo, ela estava cansada de sua prolongada luta com uma doença crônica e debilitante e esperava visita de outra cidade aquela noite. Passei por lá para lhe fazer uma pergunta; estávamos conversando quando ela se interrompeu e, apressada, foi abrir a porta. No corredor, eu vi uma garotinha em silêncio. Era uma de suas alunas, uma menina pobre, que sempre ia à escola mal vestida e um pouco triste. Embora ela acompanhasse as colegas em tudo, sua roupa e seu ar inefavelmente triste a separavam das outras crianças. Era uma garota solitária.

Quando nos aproximamos, a professora a encarou. A menina desviou o olhar e nada disse. No mesmo instante, a moça fez sinal para que eu saísse. E, detendo-se, ajoelhou-se para ficar no mesmo nível da aluna e começou a conversar com ela em voz baixa.

Eu segui pelo corredor até a porta. Antes de sair, voltei-me para ver o que estava acontecendo. Ela estava voltando tranqüilamente para a sala de aula, a mão no ombro da menina. Esta falava animadamente, e a professora balançava a cabeça como se não existisse nada mais importante no mundo do que a história que estava ouvindo.

É bem provável que essa boa mulher tenha ido para casa exausta naquela noite, sem saber que fizera algo importante. Para ela, aquele foi apenas um ato comum num dia comum; ela simplesmente tinha feito o seu trabalho. E, se eu a conheço tão bem quanto acredito, é possível que se haja censurado por não estar totalmente presente para aquela menina, por ter deixado que o cansaço a dominasse e por estar distraída com o compromisso da noite. Longe de sentir que fizera um bem com seu pequeno gesto, pode ser que, naquela noite, tenha ido se deitar sentindo que não estivera à altura das responsabilidades que enfrentara durante o dia.

Mas quem há de dizer que o momento que ela passou semeando luz na escuridão daquela criança não foi, em tudo, tão significativo quanto o tempo que eu dediquei à família enlutada na praia mexicana? Quem há de dizer que o carinho que ela deu não alterou definitivamente a vida daquela menina e, assim, afetou a existência de todas as pessoas com que ela entraria em contato dali por diante?

O mundo é uma membrana estranha e misteriosa. Na física das coisas humanas, nossos atos desencadeiam outros que reverberam muito além da nossa visão, além até mesmo da nossa capacidade de prever ou imaginar. Ninguém tem mais motivos para julgar o significado de nossos atos do que para julgar o mérito daqueles que os recebem.

Nós nos apressamos a medir a vida pelos momentos dramáticos; estamos sempre dispostos a minimizar a luz que projetamos na pequena escuridão da existência cotidiana. Eu sempre ficarei agradecido pela oportunidade que tive de prestar um serviço generoso naquela manhã no México. Porém, o meu verdadeiro legado espiritual neste mundo pode estar em uma palavra dura ou amável, há muito tempo esquecida, que eu disse ao me encontrar casualmente com uma pessoa que nunca voltarei a ver ou em um momento que passei ou deixei de passar com uma criança solitária e sem amigos. Afinal de contas, nós somos chamados a servir o mais insignificante dos nossos irmãos. E o melhor serviço que prestamos pode estar no mais insignificante de nossos momentos.

Se, por acaso, tivermos um momento como aquela manhã na praia mexicana, em que toda a capacidade sob nosso controle for convocada em um gesto generoso de serviço, e nos for dado o dom de iluminar uma escuridão profunda, devemos nos considerar abençoados. Mas não somos menos abençoados e menos convocados quando nos pedem que levemos um pálido raio de esperança, uma pequenina centelha de bondade, ao dia cinzento de uma criança.

Nós não somos santos nem heróis. Nossa vida é vivida nos cantos silenciosos do que é comum. Construímos minúsculas lareiras, às vezes quase incapazes de aquecer. Mas, para a pessoa perdida na escuridão, essa pequena chama pode ser a estrada da segurança, o caminho da salvação.

Não nos é dado saber quem está perdido na escuridão que nos cerca nem se nossa luz é vista. Só podemos saber que, mesmo em face da menor luz, a escuridão se desfaz.

Um marinheiro perdido no mar consegue orientar-se por uma simples vela acesa na praia. Uma pessoa extraviada no bosque pode salvar-se graças a uma chamazinha oscilante. Não é questão de qualidade, intensidade ou pureza. É só questão de presença da luz.

Esta bela oração nos lembra que todos temos luz, pouco importa se baça ou frágil, e nos convida a proceder como se a única coisa importante fosse a nossa luz. Diz-nos que talvez seja a nossa luz a que fará a diferença. Que talvez ela ilumine os cantos obscuros da vida de uma menininha. Que talvez até ajude um desconhecido a voltar para casa.

7

Alegria, onde há tristeza

Cerca de vinte anos atrás, houve uma época em que eu ganhava a vida dirigindo um táxi. Era uma existência de caubói, de jogador, de quem não queria ter patrão, de quem gostava de muito movimento, adorava a emoção do rolar dos dados toda vez que um novo passageiro entrava no carro.

O que não me passou pela cabeça, ao aceitar o emprego, é que ele também era um ministério. Como eu trabalhava no período noturno, o táxi acabou se transformando num confessionário ambulante. Os passageiros entravam, sentavam-se no banco de trás, na escuridão e no anonimato, e se punham a falar da vida.

Os passageiros e eu éramos como desconhecidos em um trem, viajando na noite, revelando intimidades que nunca nos ocorreria revelar à luz do dia.

Nessas horas, encontrei gente cuja existência me divertiu, me enobreceu, me fez rir e me fez chorar. Mas ninguém me comoveu mais que uma mulher que transportei numa quente madrugada de agosto.

Fui atender à chamada telefônica que me havia sido feita de um pequeno prédio de tijolos numa zona tranqüila da cidade. Imaginei que ia buscar gente saindo de uma festa ou uma pessoa que acabava de brigar com o amante ou alguém que fosse pegar o primeiro turno numa fábrica do bairro industrial.

Ao chegar ao endereço, dei com o prédio às escuras: só havia uma janela acesa no andar térreo. Nessas circunstâncias, muitos taxistas se limitariam a buzinar uma ou duas vezes, esperar um pouco e ir embora. Muita coisa ruim podia acontecer num edifício escuro às duas e meia da madrugada.

Mas eu conhecia tanta gente pobre que tinha no táxi o único meio de transporte. A menos que o perigo fosse evidente, sempre ia até a porta e tentava localizar o passageiro. Podia ser uma pessoa precisando de ajuda, pensava. Eu não gostaria que fizessem o mesmo se minha mãe ou meu pai chamassem um táxi?

De modo que fui até a porta e bati.

— Um momento! — gritou uma voz frágil de velha. Ouvi o ruído de algo sendo arrastado pelo assoalho.

Depois de um bom tempo, a porta se abriu e apareceu uma mulher baixa, de pelo menos oitenta anos. Estava usando um vestido estampado e um chapéu cilíndrico, com um véu preso por alfinetes, como os que se vêem nas lojas de fantasia ou nos bazares de caridade em filmes da década de 1940. Ao seu lado, havia uma maleta de náilon. O barulho, ela o fazia arrastando-a pelo chão.

O apartamento dava a impressão de estar desabitado havia anos. Toda a mobília estava coberta com lençóis. Não havia ali um relógio de parede nem bibelôs ou utensílios nas prateleiras. A um canto, reparei numa caixa de papelão cheia de fotografias e copos.

— Você leva minha mala até o carro? — pediu a velhinha. — Eu queria ficar um momento a sós. Pode voltar depois para me ajudar? Não sou muito forte, sabe?

Levei a mala até o táxi e voltei para ajudá-la. Dei-lhe o braço, e nós fomos caminhando devagar até o meio-fio. Ela não parava de me agradecer a gentileza.

— Não há de quê — respondi. — Eu simplesmente procuro tratar as passageiras como queria que tratassem minha mãe.

— Oh, você é um moço tão bom — sorriu ela. Tanto elogio e tanta gratidão chegavam a constranger.

Quando entramos no carro ela me deu um endereço. Depois perguntou: — Você pode ir pelo centro da cidade?

— Não é o caminho mais curto.

— Não faz mal. Eu não tenho pressa. Estou indo para o asilo.

Eu a espiei pelo espelho retrovisor. Os olhos dela brilhavam.

— Não tenho mais família — prosseguiu ela. — O médico me mandou ir para lá. Disse que não me resta muito tempo.

Devagar, estendi a mão e desliguei o taxímetro.

— Que caminho a senhora quer que eu pegue? — perguntei.

Passamos as duas horas seguintes rodando pela cidade. Ela me mostrou um prédio onde havia sido ascensorista. Passamos pelo bairro onde havia morado com o marido logo depois de casada. Depois ela me mandou parar em frente a uma loja de móveis que, antigamente, era o salão de baile onde ela costumava ir dançar quando solteira. Às vezes me pedia que diminuísse a velocidade, ao passar por um edifício ou uma esquina, e ficava olhando para a escuridão sem dizer nada.

Quando o primeiro clarão do sol iluminou o horizonte, disse de súbito: — Estou cansada. Agora vamos embora.

Fomos em silêncio para o endereço que ela me havia dado. Era um prédio baixo, feito uma casa de saúde, com uma entrada asfaltada que passava por baixo de um portal. Dois atendentes se aproximaram quando o táxi parou. Sem esperar por mim, abriram a porta e começaram a se ocupar da mulher. Eram solícitos, sérios, observavam cada movimento dela. Deviam estar à sua espera; talvez ela tivesse telefonado antes de sair.

Abri o porta-malas e levei a maleta até a porta. A velha já estava sentada numa cadeira de rodas.

— Quanto lhe devo? — perguntou abrindo a bolsa.

— Nada — respondi.

— Mas você também precisa viver.

— Há outros passageiros.

E, quase sem pensar, eu me inclinei e lhe dei um abraço apertado. Ela também me segurou com força. — Você deu um momento de alegria a uma velha — disse. — Muito obrigada.

Não havia mais nada a dizer. Tornei a abraçá-la e saí à luz baça do amanhecer. Ouvi atrás de mim a porta se fechando. Era o ruído de uma vida que se encerrava.

Não peguei mais nenhum passageiro nessa madrugada. Fiquei rodando sem rumo, perdido em pensamentos. Passei o resto do dia quase sem falar. E se aquela mulher tivesse topado com um motorista grosseiro, abusado ou com pressa de terminar a jornada de trabalho? E se eu não tivesse aceitado a corrida ou houvesse buzinado só uma vez e ido embora? E se estivesse mal-humorado e me tivesse recusado a conversar com a velha? Quantos momentos como aquele eu havia perdido ou deixado passar sem perceber?

Nós estamos condicionados a pensar que a vida gira em torno dos grandes momentos. Mas os grandes momentos quase sempre nos pegam desprevenidos. Quando ela me abraçou e disse que eu lhe tinha proporcionado um momento de alegria, cheguei a pensar que vim a este mundo unicamente para ser o motorista da última corrida daquela velhinha. Não me lembro de ter feito nada mais importante na vida.

Chega a ser quase absurdo que São Francisco nos mande semear alegria onde há tristeza. É justo pedir-nos que levemos consolação onde há tristeza ou que confortemos os tristes. Mas semear alegria parece demais.

Nossa tendência é esquecer que a tristeza é como um quarto vazio, povoado unicamente da melancolia que a tudo cobre como uma mortalha. Ela nos fecha o coração e envolve-nos em um isolamento terrível. Por mais que tentemos, não conseguimos fugir. Os esforços dos amigos para nos consolar parecem distantes e irreais. Ficamos agradecidos, mas eles não atingem o núcleo do nosso isolamento. É como se estivéssemos dentro do sepulcro do espírito.

Quando alguém consegue, ainda que por um breve momento, abri-lo e nos tocar, sentimos como que um raio de luz inundar-nos o coração. Sabemos, então, que estamos vivos e que o nosso coração vai sarar.

Para o que a traz, pode parecer apenas uma consolação. Mas, para a pessoa envolta na mortalha da tristeza, é uma verdadeira alegria. É a afirmação e a conexão que a integram à família humana.

Como saber que ato nos trará esse vínculo renovado? Será uma palavra amiga? Um buquê de flores? Um breve passeio ou uma conversa? Ou, quem sabe, uma corrida de táxi pela cidade?

Quase sempre é uma coisa simples, pequena. Os que estão perdidos nas profundezas da tristeza não consentem os grandes esforços. Estão por demais presos à tristeza que os absorve. Mas não se opõem aos pequenos gestos. E, embora esses pequenos gestos pareçam não ser quase nada para quem os faz, têm a possibilidade de ser o toque milagroso que cura.

São Francisco é o maior incentivador da alegria em toda a Cristandade e, talvez até, de todas as religiões organizadas. Ele compreendeu, melhor do que ninguém, o poder que ela tem de curar o coração.

Ao nos mandar semear alegria onde há tristeza, São Francisco nos lembra que uma pessoa dominada pela tristeza fica encerrada na prisão da solidão que só diz respeito a ela mesma. Talvez pareça que a melhor atitude que podemos tomar é tentar entrar nessa prisão e participar da tristeza. Aliás, muitas vezes essa é a maneira de abrir a porta do coração isolado.

No entanto, para ajudar o coração a sair das trevas, precisamos, de algum modo, levar a luz de fora. Devemos não só entrar no quarto da tristeza como também deixar a porta aberta para que a luz o ilumine. Em circunstâncias normais, eu poderia ter ficado conversando com aquela mulher que ia, literalmente, ao encontro da morte. Podia haver tentado consolá-la, ter empatia com ela e fazer com que se sentisse menos só. Teria sido um gesto belo e gentil. Mas, como eu estava trabalhando, não lhe podia abarcar a solidão e tentar penetrá-la. Eu tinha de reconhecê-la com um toque delicado, mas precisava continuar presente no mundo exterior.

Embora eu não o soubesse na época, acabei fazendo exatamente o que São Francisco aconselha. Só depois que ela me abraçou e disse aquelas palavras comoventes foi que entendi.

Devemos ter em mente que a consolação é o primeiro passo da cura. É o nosso modo de dizer que participamos da tristeza de outra pessoa ou que, pelo menos, a respeitamos. Mas a cura só acontece quando ela abandona a tristeza e volta à plenitude da vida.

Para seguir os passos de São Francisco, é necessário

olhar além da consolação, olhar para a alegria, e procurar o pequeno e inesperado gesto capaz de criá-la. Nem sempre o conseguimos, muitas vezes erramos o alvo. Mas, quando encontramos o toque certo que leva luz ao quarto solitário da tristeza de outrem, estamos sendo verdadeiros artistas do espírito. Criamos alegria onde há tristeza e ajudamos o espírito alheio a irromper numa canção.

8

Ó Divino Mestre

Há muitos anos, fui a um casamento no qual os noivos escolheram, entre outras leituras, a Oração de São Francisco. Os presentes foram convidados a recitá-la em coro para participar daquela união e testemunhá-la. Eu estava ao lado de um velho amigo que, embora tenha uma vida espiritual forte e ativa, não professa nenhuma fé particular. Ele acompanhou a oração como todos os demais. Porém, quando terminou, voltou-se para mim e cochichou: — O que estraga é essa história de "Senhor" e "Divino Mestre".

Eu compreendi o que ele estava querendo dizer e até simpatizei um pouco com a sua opinião. Há um ranço feudal e abertamente hierárquico, arcaico e machista, nessas formas de tratamento.

Mesmo assim, não concordei com o comentário. Afinal de contas, a forma de tratamento que se dá a Deus não é o mais importante na oração; importante é a orientação espiritual e o alimento que ela contém. Mas não consegui me livrar do sentimento desagradável que as palavras do meu amigo provocaram. Lembrei-me de uma experiência da infância e da dolorosa verdade que ela me ensinou e que trago comigo até hoje.

Eu tinha uns dez anos e estava começando a tomar certa consciência de que estava me distanciando da inocência da meninice. Acordei cedo, numa quente manhã de verão, e desci à sala de estar, onde meu pai lia o jornal. Até onde posso me lembrar, ele sempre se levantava antes dos outros, fazia café, deitava-se no sofá e ficava lendo o jornal. A partir dos oito anos, passei a participar desse ritual.

Cada caderno que terminava de ler, ele passava para mim. Eu ficava de bruços no tapete da sala, o queixo apoiado na mão, e os dois líamos juntos, em silêncio, até a hora em que ele se aprontava para ir trabalhar.

Eu adorava esse tempo que passávamos juntos. Éramos os dois homens da casa a compartilhar um momento de muda proximidade. Isso me deixava orgulhoso, fazia com que me sentisse homem também.

Mas, naquela manhã, aconteceu uma coisa estranha. Eu desci pela escada, como sempre. E, como sempre, meu pai estava deitado no sofá, lendo o jornal.

— Bom dia, meu filho — disse entregando-me o caderno de esportes.

Comecei a responder-lhe como de costume: — Oi...

Mas a palavra seguinte não saiu. Eu sempre o chamava de "papaizinho"; mas, nesse dia, a palavra ficou presa na minha boca. Parecia por demais embaraçosa, algo muito infantil.

Até aquela ocasião, eu sempre me dirigira a ele feliz e confortavelmente dizendo "papaizinho". De repente, em um momento de consciência, tudo mudou. Ali, diante de mim, sorrindo para mim com amor de pai, estava um homem para o qual eu não sabia dar um nome.

Não sei se ele reparou; em todo caso, não disse nada. Peguei o jornal e os dois ficamos lendo até a hora habitual. Tudo na mais perfeita normalidade. Aqui dentro, porém, meu coração estava em pedaços.

Aconteceu a mesma coisa na manhã seguinte, na outra e na outra. Todo dia eu me angustiava com o que fazer. Amaldiçoei a decisão tomada, no começo da infância, de me dirigir a ele daquele modo. Por que não tinha feito como tantos outros meninos e começado, desde cedo, a chamá-lo de "pai" ou "papai"? Eram nomes "musculosos", nomes que eu não teria problema de usar. Mas, por escolha própria ou sei lá de quem, eu crescera chamando-o de "papaizinho" e, agora, aos dez anos de idade, via-me preso a uma infância que eu não conseguia superar.

Tenho certeza de que podia haver-lhe perguntado como queria que eu passasse a chamá-lo e tenho a certeza de que a resposta seria: "Como você quiser." Tenho a certeza de que podia simplesmente mudar a forma de tratamento, e meu pai teria se limitado a sorrir, por dentro, do meu esforço para assumir um papel mais adulto em nossa relação. Mas não fiz nem uma coisa nem outra. Simplesmente renunciei a toda e qualquer forma de tratamento e passei até a evitar chamá-lo de modo que me exigisse dar-lhe um nome.

Nas aparências, no exterior, nada havia mudado. Os dois continuamos fazendo as mesmas coisas juntos; continuamos conversando do mesmo modo. Mas, sem o saber, naquele momento de consciência, aos dez anos de idade, alguma coisa mudou muito no nosso relacionamento. Fundamentalmente, naquele momento eu perdi o meu pai.

Com o passar dos anos, achei outras maneiras de me dirigir a ele — do "pai" formal ao "meu coroa" brincalhão —, porém nunca mais recuperei a intimidade que tinha com ele quando o chamava de "papaizinho". Alguma coisa no nome, na natureza do tratamento, era uma verdade que, uma vez abandonada, perdera-se para sempre.

Aqueles que passam a achar difícil dirigir-se a Deus como "Senhor" ou "Pai" enfrentam um dilema parecido. Um belo dia, acordamos incomodados com a forma de tratamento que aprendemos a usar. "Deus" parece por demais formal e distante. "Pai" fica preso na garganta, sobretudo se não nos agrada a idéia de Deus como homem ou como um Ser dotado de algum tipo de sexo.

Experimentamos outros nomes: Grande Espírito, Grande Mistério, Gaia, Ser Supremo. Mas cada um satisfaz menos que o outro. São todas formas de tratamento excessivamente forçadas, excessivamente teológicas, ou então vagas demais, imprecisas demais. Podem ser até mais abrangentes; no entanto, são menos íntimas. Nós perdemos o nome de Deus e não encontramos nenhum outro com que substituí-lo.

Aos poucos, tal qual o garoto de dez anos que deixa de gostar do nome com que aprendeu a se dirigir ao pai, passamos a evitar toda forma de tratamento direto e tentamos manter nossa relação sem a deliciosa intimidade que vem do saber que nome dar a Deus.

Pode não parecer, mas é incomensurável o que perdemos com isso. Porque, quanto mais nos afastamos da intimidade e da proximidade de uma amizade pessoal, tanto mais reduzimos Deus a um princípio filosófico. E, reduzindo-o a um princípio filosófico, de um modo ou de outro, acabamos por perdê-lo.

É certo que existem tradições que acreditam que nós devemos ultrapassar os limites da mente humana e renunciar a dar a Ele qualquer forma que seja. Para elas, a experiência de Deus é tão grandiosa que não exige nome; na verdade, está além de todo pensamento, de todo entendimento.

Mas acaso um Deus que está além de todo pensamento, de todo entendimento, que viaja acima das estrelas e dos ventos e vai além dos mais dilatados limites dos nossos sonhos não é capaz de intimidades, por impossíveis que sejam de acreditar?

O tipo de recipiente espiritual que criamos para receber Deus determina o tipo de Deus que idealizamos. Se quisermos criar um recipiente que nos permita sentir um Deus de amor e ternura, uma força atuante no mundo — que conhece nossos amores, nossos medos e nossas aspirações —, temos de ser capazes de chamá-lo pelo nome.

Pois, queiramos ou não, dar nome é um poder. É pelo nome que conhecemos o mundo que nos rodeia e atribuímos forma à infinita variedade da experiência. Esse é o nosso modo de definir, de afirmar, de estabelecer um vínculo entre nós e aquilo a que damos um nome.

Se não tivermos um nome para Deus, por singelo ou distorcido que seja, não contaremos com nenhuma linguagem para nos acercarmos Dele como um Ser protetor e acessível.

Eu me lembro de ter ouvido um sermão, certa vez, em que o padre dizia que, quando Jesus usou a palavra "Abba" ao se dirigir a Deus, como fez no Pai Nosso e em seu solitário lamento na cruz, não usou a palavra "Pai", mas "papai" ou "papaizinho". A princípio, isso me perturbou. Pareceu-me astucioso e artificial: o sermão leve de um pregador disposto a agradar. Acima de tudo, isso agredia o senso inquestionável de distância formal e respeito que eu aprendi na minha educação religiosa. Deus era o "Pai", e encará-lo como "Papaizinho" era, no mínimo, esquisito. Mas não pude evitar a sensação de euforia que essa proximidade oferecia. E, mais tarde, quando descobri que o padre tinha toda a razão, meu coração se abriu para a possibilidade de uma intimidade com Deus que me acompanha até hoje.

Todos queremos ter essa intimidade com Deus. Queremos Deus vivo na nossa vida e nossa vida viva em Deus. Podemos não gostar da maneira medieval com que São Francisco se dirige a Ele, "Senhor", "Divino Mestre", mas isso só significa que é preciso encontrar outro nome com o qual chegar à proximidade.

Não há vergonha nenhuma em admitir que, quando Lhe damos um nome, limitamos a nossa compreensão de Deus por analogia e metáfora. São esses os únicos instrumentos reais com que contamos para nos aproximar Daquele de que é impossível aproximar-se. Com eles, não pretendemos diminuir o Mistério Divino; apenas falam dos meios humílimos de entendimento que temos ao nosso dispor.

Mas vale lembrar a história de Santo Agostinho na praia, que conta que ele, em sua sabedoria, viu uma criança cavando um buraco na areia e enchendo-o de água.

— Que você está fazendo? — perguntou.

— Eu vou pôr o mar dentro deste buraco.

Santo Agostinho achou graça.

— Mas é impossível.

— Mais impossível — respondeu a criança — é a sua tentativa de pôr Deus dentro do entendimento humano.

Quando damos nome a Deus, estamos dizendo que, embora não sejamos capazes de colocá-lo dentro do entendimento humano, é possível colocá-lo dentro do coração humano.

E, se Deus é uma presença viva e cheia de amor, que conhece os nossos mais recônditos segredos e sabe de cada pardal que cai, Ele só pode ser conhecido pelo coração, não pela mente.

Se quisermos conhecer esse Deus, não simplesmente entendê-lo, devemos ter um nome para Ele, um nome que trazemos no coração. Pois é no silêncio do nosso coração que Deus dirá o nosso nome. E, quando isso acontecer, não devemos ter um nome com o qual responder?

9

Permiti que eu não procure tanto ser consolado quanto consolar

O dia, hoje, amanheceu duro e frio, com uma camada de gelo no coração. Nesta manhã chegou a notícia da morte da mãe do melhor amigo do meu filho de nove anos.

Não que essa morte tenha sido inesperada. Fazia tempo que ela vinha lutando com a força sinistra que todas as mulheres temem: o nódulo, tão pequeno e inocente, que começou a crescer, colocando a morte em sua corrente sangüínea e, por fim, tirando-lhe a vida. Não, todos sabíamos que não lhe restava muito tempo. Apesar de sua força de espírito e de sua coragem, as reiteradas internações, as recaídas e a fadiga crescente não nos deixavam esquecer que seu fim estava próximo. Era previsível.

Mesmo assim, a notícia dessa morte foi um golpe cruel para nós. Pois sabíamos que um garotinho de nove anos ficaria ao pé da sepultura, separado para sempre da mãe e dos espaços inocentes e ensolarados da infância.

Também ela o previra e sofria muito com isso. Como enfrentar em paz a iminência da morte ao olhar nos olhos de um menino para o qual a gente é a estrela polar, a mãe, a fonte de todo o alimento, de todo amor?

Porém, sendo forte e independente, ela fez uma escolha entre as muitas com que deparou: escolheu não compartilhar a agonia com o filho, preferindo dar-lhe os preciosos dons de sua vida para que ele guardasse na memória a imagem de uma mulher vibrante e meiga, não a de uma moribunda.

Ela mascarou e escondeu a moléstia, oferecendo a ele uma realidade tão normal quanto possível em meio às idas e vindas da quimioterapia, em meio à exaustão. Ela não dava importância ao cabelo perdido, ao andar trôpego. Até que a morte viesse buscá-la, estava decidida a afirmar a vida e a não oferecer senão vida ao filho.

Foi uma escolha acertada, feita com a luz que não lhe faltava e, eu tenho certeza, graças aos bons conselhos e à oração. E isso deu ao seu filho uma mãe viva e vibrante enquanto foi humanamente possível. Mas quando a morte chegou — e chegou depressa —, o menino, chocado, se viu subitamente lançado numa paisagem estranha, da qual nunca mais retornará.

Talvez, no futuro obscuro, ele venha a compreender e valorizar a dádiva de sua força e as lembranças de uma vida normal. Agora, no entanto, só o vazio lhe cerca o coração, sublinhando a grande traição da vida e deixando-o para sempre a ouvir o eco de um grito no lugar onde devia estar o amor materno.

Meu filho também ficou abalado. Seu pavor está em toda parte, vago e amorfo. A mãe de seu amigo também era uma mãe para ele. Era ela quem levava as crianças aos espetáculos das tardes de sábado, que comprava pipoca para todos, que os divertia com piadas. Era ela que sempre estava disposta a fazer um doce, a ligar a mangueira, no quintal, para as guerras de água ou a preparar uma boa pizza ao entardecer. Há poucos dias, ele esteve em sua casa, ignorante das trevas que lhe corriam nas veias, e passou correndo por ela para ir brincar, sem imaginar que poderia perdê-la, como as crianças não imaginam que podem perder a vida ou os pais. Agora, também está tendo de confrontar com o vazio, esforçando-se para dar sentido ao impensável.

Quando ele fica perto de mim, sinto o seu corpo estremecer — percebo nele os soluços espasmódicos de quem está enfrentando o medo de minha morte, da morte de sua mãe, da morte em si. Até mesmo a sua própria mortalidade passou a ser uma grande ameaça.

Numa idade tão precoce, meu filho está às voltas com as grandes perguntas para as quais não há resposta. Tal qual seu amiguinho, encontra-se à beira do abismo, cercado de brinquedos, fortes apaches, passeios de bicicleta e jogos de bola, olhando para a face incompreensível da morte.

Eu quero consolá-lo. Mas o que hei de lhe dizer?

Que a morte é uma ladra de dentes arreganhados que nos aguarda nas esquinas inesperadas? Que, se tivermos fé, espera-nos uma vida melhor do outro lado?

Isso tudo pode ser verdade, mas não ilumina a escuridão. Eu não tenho nenhuma sabedoria oculta capaz de tornar a morte mais compreensível; apenas o bálsamo de ter vivido e de, tendo vivido, oferecer-me mais decididamente ao seu mistério.

Ele olha para mim e, meio fungando, diz, procurando as palavras: — Papai, duas coisas me incomodam na morte. A que eu sei é que a morte vem para todo mundo. A que eu não sei é o que a gente sente quando morre.

Eu lhe dou respostas amenas sobre as visões maravilhosas que as pessoas contam que tiveram quando retornam da morte clínica. Em termos bem genéricos, falo da continuidade do espírito e do meigo abraço de Deus pelo qual todos ansiamos. Não menciono os gritos torturados das pessoas escravizadas pela dor, suplicando alívio, nem as palavras do pai de um amigo meu pouco antes de falecer: — O que está acontecendo comigo? Eu não entendo! O que está acontecendo comigo?

Eu gostaria muito de iluminar essa paisagem oculta para ele, de banhá-la numa luz agradável. Mas não é possível. Não tenho respostas; só consigo ajudá-lo a delimitar essas perguntas e orientá-lo, vagarosamente, para a aceitação daquilo que ninguém pode evitar.

Então, quase como uma dádiva, ocorrem-me as palavras de São Francisco: "Permiti que eu não procure tanto ser consolado quanto consolar."

O que você precisa fazer agora, eu digo, é consolar o seu amigo. Precisa descobrir um meio de estar com ele. Você não pode cruzar a linha e entrar em sua dor; não pode encontrar esse lugar. O sofrimento é como uma pedra na água, que mergulha e afunda na escuridão. Os círculos se alargam, a partir do centro, tocando-nos tanto mais levemente quanto mais distantes nos achamos desse fato.

— Você está no primeiro círculo que cerca Danny — explico. — Você também gostava muito de Karen. Descubra uma maneira de estar presente para ele.

Meu filho ergue os olhos para mim. — Eu estou tão triste por causa de Danny e Karen. Mas também estou contente porque não foi mamãe que morreu.

— Eu sei — respondo. — É assim mesmo.

As estranhas sinuosidades da alma sobrevivente já começam a trabalhar a psique, e ele não consegue absorvê-las de modo compreensível.

A morte é um velhaco cruel que rouba a pureza da nossa dor. Quem, dentre nós, não sente pelo menos uma leve sensação de alívio porque o falecido não é um dos seus? Alguma coisa por sob a vontade, por sob a consciência, uma coisa urdida no próprio tecido do animal humano, leva-nos a afirmar o eu, por mais desesperadamente que queiramos enfrentar o absoluto da morte com uma pureza absoluta na nossa reação. Mas não somos capazes. Nos mais secretos recessos que não nos atrevemos a revelar, festejamos a nossa sobrevivência. É a vontade da espécie procurando avançar e perpetuar-se, fazendo com que escolhamos a vida mesmo em face de um absoluto como a morte.

Só no ato de consolação é que se encontra a pureza, pois o desejo de consolar é o único que não se deixa contaminar pelos sentimentos de autocongratulação, alívio ou culpa. Também ele é uma coisa urdida no próprio tecido da espécie: testemunhar o falecimento de outrem e inclinar a cabeça perante o mistério que ele contém. Até mesmo os animais se aglomeram ao redor de um semelhante morto e, à sua maneira bruta e selvagem, lamentam e consolam. Talvez tenha sido isso que São Francisco viu neles e o fez considerá-los irmãos e irmãs.

É normal o alívio que você está sentindo, digo ao meu filho. Todos nós comemoramos um pouco quando o anjo sinistro passa e vai embora. O que é preciso fazer agora é consolar Danny da melhor maneira possível. Talvez você possa abraçá-lo; talvez converse com ele. Talvez simplesmente lhe faça um pouco de companhia. Dê o que estiver ao seu alcance para que ele entenda que não está sozinho.

Meu filho engole em seco. Está absorvendo as palavras, o pensamento. Parece pequeno demais ali de pé: tão só, tão aquém da missão que lhe cabe.

O que ele vai fazer?

Talvez ele não seja uma pessoa inclinada à grandeza de coração; esse dom não é distribuído com igualdade.

Talvez não seja capaz de uma meiguice que o ajude a superar o medo da morte e não consiga mais do que ficar numa vigília incômoda e distante.

Talvez possa chegar muito perto da dor do amigo e oferecer-lhe uma ponte para a vida derramando seu amor e sua delicadeza.

Ele dará aquilo que seu coração for capaz de dar, pois, como todos nós, anseia por oferecer consolo. É a nossa maneira de estender a mão quando aqueles que amamos estão debruçados sobre o escuro e inconcebível precipício da morte.

Eu sempre me lembro da história do encontro de São Francisco com um leproso na planície úmbria. Ele viajava sozinho a cavalo quando, numa curva da estrada, deu com um homem desfigurado pela lepra. Sendo ele mesmo frágil e enfermiço, ficou apavorado com a podridão do doente, e a primeira coisa que lhe ocorreu foi dar meia-volta e fugir.

Mas não fez isso.

Descendo da montaria, aproximou-se vacilante do moribundo, abraçou-o e, apesar do nojo e da repulsa que sentia, beijou-lhe os dedos carcomidos.

Não foi fácil para ele fazer isso. E não foi um gesto espontâneo. Se a pureza de coração fosse a medida de seu ato, este não teria tido nenhum valor, pois ele estava tomado de repugnância diante do pobre leproso. Mas a pessoa que se encontra nas trevas não mede a nossa luz e não tem menos consideração pelo nosso gesto pelo fato de ele ser menos puro. O que importa é que São Francisco agiu como agiu. E, ao agir assim, o bem que fez ao leproso só foi menor que o bem que fez a si mesmo.

Olho para o meu filho que está com tanto medo. Também ele deparou com seus terrores mais profundos numa curva do caminho. Ele não precisa ser puro de coração. Só precisa ter a coragem de fazer o melhor de que é capaz.

Oro em silêncio. "Que ele seja forte", peço. "Se conseguir estender a mão e tocar, assim seja. Se só puder ficar perto e prestar testemunho, assim seja. Mas, não o deixeis virar as costas e fugir."

O telefone toca. É Danny. Meu filho vai atender. Tapa

o fone com a concha da mão para que eu não ouça o que está dizendo, mas a sala é pequena e está mergulhada no silêncio da nossa dor.

— Oh, Danny — diz —, eu sinto muito mesmo.

Meu coração quase explode de orgulho, de tristeza, de alegria, diante desse pequenino ato de consolação, pois, com essas palavras, meu filho colocou dois corações no longo e solitário caminho da cura.

10

Ser compreendido quanto compreender

"Você não me entende. Ninguém me entende." É um grito que nos escapa a todos nos momentos em que as circunstâncias nos separam dos outros e em que estamos cansados de tentar, inutilmente, comunicar o conteúdo do nosso coração.

E é bem provável que seja verdade. Ninguém nos entende. Por mais que nos una a humanidade comum, nossa individualidade nos separa. Nenhum de nós sabe ao certo o que se passa na mente e no coração do outro.

Quando temos essa sensação de isolamento e de não ser compreendidos, temos a inclinação natural de nos retirarmos do mundo e esperar que alguém capaz de estender a mão por cima do abismo da nossa solidão estabeleça o contato humano que tão desesperadamente desejamos.

Todavia, na oração, São Francisco nos lembra que a verdadeira saída para a solidão não consiste em procurar o bálsamo da compreensão alheia, mas em tentar, nós mesmos, estender a mão por cima do abismo. É no ato de compreender os outros, lembra ele, que reside o milagre do crescimento e da criação.

Eu sempre me lembro da história que me contaram de um homem comum de Oklahoma que foi colhido pela grande tragédia global da II Guerra Mundial.

Era um rapaz como outro qualquer e levava uma vida absolutamente normal. Tinha sido criado numa cidadezinha do interior e, quando estourou a guerra, como tantos outros moços de sua idade, foi servir seu país sem estar bem preparado e sem ter noção das conseqüências reais desse serviço.

Alistou-se na marinha e, embora sua experiência com a navegação não fosse além de um ou outro passeio de barco a remo, ele revelou uma capacidade de liderança que não tardou a chamar a atenção, de modo que acabou ficando com o comando de um navio. Deu baixa com louvor e cumpriu seu dever durante a longa e sangrenta guerra do Pacífico. E, quando se anunciou a capitulação final dos japoneses, foi designado, com seus homens, para a missão de pacificar algumas pequenas ilhas do Pacífico Sul e enviar as forças japonesas para o Japão. Uma delas era a ilha de Truk.

Os soldados japoneses que a ocupavam tinham sido levados a acreditar que a rendição significava a tortura e a morte inevitáveis nas mãos dos americanos vitoriosos. Todos eles mostraram muita coragem em face dessa selvageria antecipada e assistiram estoicamente ao desembarque das tropas inimigas.

O major japonês, um homem pessoalmente digno e honrado, tinha consigo uma espada de samurai, presente de seu avô quando ele se formou na academia militar. A arma estava na família havia gerações e simbolizava e incorporava seu sentimento de honra de soldado. Logo que desembarcaram, os norte-americanos foram apertar a mão dos combatentes japoneses. Deram-lhes de comer e de vestir e os trataram com todo respeito. Notando essa atitude, o major japonês a atribuiu à integridade do jovem comandante responsável pelas tropas.

Quando chegou a ocasião de enviar as forças japonesas de volta ao seu país, ele se aproximou do jovem americano de Oklahoma, que tratara os soldados inimigos com civilidade, e lhe entregou a espada de samurai num gesto de gratidão e honradez.

O rapaz a aceitou e expressou sua gratidão. Sendo filho das planícies de Oklahoma, o código do samurai pouco significava para ele, e a espada não passava de um desses troféus da guerra que os vitoriosos tendem a tomar dos derrotados. Mas nunca se esqueceu do olhar do major japonês e jurou devolver-lhe a espada um dia.

Passaram-se os anos, e o marujo de Oklahoma fez diversas pesquisas sobre o major japonês. Mas, não obtendo informações suficientes para localizá-lo, acabou desistindo.

Só décadas depois, quando seu filho estava estudando no Japão, ele voltou a pensar na possibilidade de devolver a espada ao proprietário. Graças ao esforço de diversos militares japoneses, o filho descobriu o endereço do agora velho major. Deu esse endereço ao seu pai, em Oklahoma, e, assim, desencadeou-se o processo pelo qual a espada seria devolvida.

Embora tenha demorado vários meses, a conexão se fez. A espada foi enviada ao Japão e o major a recebeu, em suas próprias palavras, como se um filho que ele julgava há muito tempo morto tivesse aparecido subitamente à sua porta.

Nos anos seguintes, os dois homens ligados por uma espada mantiveram correspondência e abriram o coração um para o outro. Compartilhavam as lembranças do passado e as esperanças no futuro. Contavam histórias de suas famílias e de suas vidas. Com base no legado comum da espada, ficaram amigos.

O homem de Oklahoma sonhava encontrar-se pessoalmente com o japonês, mas estava doente e não podia viajar. De modo que seus parentes providenciaram para que, no dia da reunião familiar anual, o major japonês fosse ao pequeno restaurante da cidadezinha, onde eles se reuniriam, para fazer uma surpresa ao amigo americano.

Na reunião, durante os brindes, o filho anunciou que tinha uma surpresa especial para o pai. O major Tohata, o homem a quem ele devolvera a espada, estava ali fora. O major entrou e os dois se abraçaram. Houve lágrimas, e a vida de dois homens comuns fechou seu ciclo diante dos olhos dos cidadãos comuns de Oklahoma que tiveram o privilégio de presenciar o acontecimento. Naquele momento, as lutas de meio século do espírito humano encontraram solução num simples abraço e em algumas lágrimas.

O marinheiro de Oklahoma morreu pouco tempo depois desse encontro. Mas a obra de sua vida, neste mundo, realizou-se na devolução da espada e no abraço do inimigo que se tornou amigo. Ninguém que presenciou o acontecimento ou que por ele foi tocado a distância voltou a ser tão duro de coração ou tão cético em relação à capacidade de amor e de compreensão do espírito humano.

O que fez o homem comum de Oklahoma foi valer-se das circunstâncias que lhe couberam na vida para criar compreensão. Ele podia muito bem ter-se recolhido e utilizado a experiência da guerra para se isolar dos que não a compartilhavam. Muitos soldados fazem isso, dizendo: "Você não entende. Não pode entender." Recolhem-se na incomunicabilidade de sua experiência de guerra e a usam como motivo para se afastar dos outros.

Mas o homem de Oklahoma tomou o caminho oposto — o caminho que a Oração de São Francisco aconselha. Não procurou ser entendido, mas entender. Olhou nos olhos de um homem que havia jurado matá-lo e não o viu como "inimigo", e sim como "irmão". E, a seguir, agiu sobre o que tinha visto, penetrando-lhe a mente e o coração na tentativa de compreender o que aquela simples lâmina de metal significava para ele.

No momento em que se pôs a seguir o fio daquela primeira tentativa de entender, criou no mundo um significado, que atravessou o oceano e envolveu as pessoas em dois continentes. E, assim fazendo, revelou-se de um modo que o tornou para sempre compreendido por todos cuja vida ele tocou.

Esse é o milagre de procurar entender. Quando tentamos entender o outro, nós nos revelamos e, ao nos revelar, conseguimos ser entendidos. Nosso coração se declara a outro coração, e o que é comum a nós transforma-se na ponte pela qual passa a compreensão.

É tão fácil encarar a compreensão como uma descoberta de padrões e princípios. Nós a vemos como uma espécie de condição passiva que há de descer sobre nós mediante a aplicação da nossa inteligência. Mas que passiva aplicação do intelecto teria permitido ao homem comum de Oklahoma compreender os motivos da guerra? Que sistema de análise conseguiria aproximar-se do entendimento que ele adquiriu ao procurar, ativamente, criar significado a partir das circunstâncias que lhe haviam sido dadas?

É preciso lembrar que, embora nossa vida seja simples e nossos atos pareçam insignificantes, nós somos os elementos geradores desse universo e criamos significado para cada ato que praticamos ou deixamos de praticar.

É aqui, neste mundo, no dia-a-dia, nas esquinas, à mesa do jantar, na casa dos amigos, à cabeceira do doente, nos braços da esposa ou do marido, no calor ou na tristeza dos dias de nossos filhos, que o universo se forma.

Longe de ser um grande sistema e um enigma que somos chamados a compreender, ele é uma realidade dinâmica, sempre cambiante, a qual podemos influenciar com cada ato, com cada gesto.

Se escolhermos ver a nossa individualidade como isolamento, nós nos afastaremos dos atos que fazem diferença e ficaremos esperando passivamente que nos compreendam. Porém, se, ao contrário, preferirmos ver a nossa individualidade como unicidade, perceberemos que as circunstâncias de nossas pequenas vidas nos apresentam ocasiões de influência que jamais ocorrerão a mais ninguém e avançaremos com coragem para criar entendimento praticando atos que ninguém mais terá oportunidade de praticar.

O homem de Oklahoma podia ter deixado que a devolução da espada se tornasse um gesto insignificante. Podia tê-la aceitado, levado a Oklahoma, pendurado numa parede do porão para que servisse de tema de conversa com os netos. Mas não fez nada disso. Pelo contrário, praticou um ato de grande significado com o presente. E suas ações se orientaram pelo fato de ele ter procurado entender, não ser entendido.

De certo modo, cada um de nós recebe diariamente uma espada de outra pessoa. Pode ser um objeto real ou uma conversa. Pode ser entregue com raiva ou com gratidão. Pode não parecer quase nada. Mas é parte da vida da outra pessoa, e algo daquilo que somos ou das circunstâncias que compartilhamos torna esse dar uma parte significativa do nosso pequeno papel na formação do universo.

Se desprezarmos essa espada, ou a denegrirmos, ou nos apropriarmos dela sem pensar no que pode significar para a outra pessoa, deixaremos de assumir plenamente a responsabilidade que nos cabe na criação de significado no universo. Mas, se estendermos a mão e tentarmos compreender o motivo pelo qual essa pessoa, nessas circunstâncias, optou por agir desse modo particular, estaremos iniciando um processo de envolvimento dinâmico capaz de reverberar no tempo e no espaço de uma maneira que não podemos imaginar.

Pode ser que o jovem soldado de Oklahoma não soubesse que estava praticando um ato de grande significado. Talvez não tivesse a menor idéia do verdadeiro significado daquela espada para o major japonês. Mas, ao reagir às circunstâncias de sua própria vida normal com um esforço extraordinário para compreender, ele criou um significado que atravessou o oceano e permitiu a centenas ou, talvez, a milhares de pessoas vislumbrar a parte mais nobre do espírito humano.

Se um homem comum de Oklahoma foi capaz de se opor aos horrores da guerra apenas com uma espada de samurai e com a busca da compreensão, como podemos pensar que nossas ações são insignificantes demais para ter efeito neste mundo?

11

Ser amado quanto amar

Anos atrás, quando estudava escultura, passei vários meses na cidade italiana de Florença. Nos dias de calor, geralmente procurava a fresca quietude das catedrais e dos museus e ficava contemplando as grandes obras-primas que enfeitam praticamente todas as superfícies e esquinas dessa cidade assombrosa.

Embora eu gostasse de muitos artistas, era Giotto o que mais me fascinava. Sua obra parecia equilibrar-se no ponto mais alto da Idade Média e do Renascimento. Suas figuras, embora ainda conservassem a serenidade iconográfica das personagens de um grande drama teológico, apresentavam, nas mãos e no rosto, as primeiras agitações da individualidade e da personalidade. Sem dúvida, eram servos de Deus, mas também estavam possuídos pela consciência e pelos sentimentos humanos. Fitando-os nos olhos, eu conseguia ver uma irmã ou um irmão, apesar do tempo enorme que nos separava.

Entre as obras de Giotto da minha preferência estavam os afrescos da igreja de Santa Croce e, entre eles, o meu predileto era o que descrevia o enterro de São Francisco. Mostrava o santo no caixão, cercado de pranteadores com as mãos erguidas em solenes gestos de bênção e com o rosto congelado em emblemas de humaníssimo pesar.

Nos lábios de São Francisco, porém, Giotto pintou um inefável sorriso de paz. Um sorriso sutil e delicado — mais uma fragrância que uma expressão — como se o santo conhecesse um segredo que nem mesmo a morte conseguia conter.

Eu passava horas desenhando aquele rosto, tentando descobrir a chave capaz de abrir o segredo daquele sorriso.

Muitas vezes, quando estava trabalhando, eu ouvia a conversa dos outros visitantes. Alemães, franceses, italianos, japoneses, iranianos, turcos, americanos, paquistaneses — todas as nacionalidades, todas as crenças religiosas passavam por ali para ver os afrescos. E, embora a maioria delas tivesse vindo interessada no brilho espiritual e estético de Giotto, geralmente sua conversa passava da arte propriamente dita para o tema que ela se destinava a representar: a vida e o caráter de São Francisco de Assis.

Com o passar dos meses, comecei a ouvir a expressão dos mesmos pensamentos: "Ele era o santo que gostava dos animais." "Era o filho privilegiado que doou tudo quanto possuía e apareceu nu diante do pai." "Foi ele que pregou aos passarinhos." "Ele foi o santo gentil."

O conhecimento nem sempre era exato. Muitas vezes chegava a ser apócrifo. Mas ficou claro que São Francisco, o Pobrezinho de Deus, conquistara o coração e a imaginação das pessoas no mundo inteiro, e todas — fossem cristãs, judias, atéias, agnósticas, budistas, jainistas, hindus ou muçulmanas — viam nele o florescimento da pureza espiritual que as enchia de admiração e amor.

O que há nesse italiano simples, eu me perguntava, que transcende de tal modo os limites da fé e da crença e faz com que tantos o tenham no coração e o considerem seu?

Então, um dia, ao deixar a igreja, vislumbrei a resposta.

Quando saí à luz do dia, vi um casal passeando — quase saltitando — de mãos dadas na *piazza*. Os dois iam rindo e cantando; era evidente que estavam apaixonados. De vez em quando paravam, davam de comer aos pombos ou diziam alguma coisa a um turista sentado num banco. Às vezes, trocavam beijinhos ou um acariciava o rosto do outro.

O amor deles era tão puro e contagioso que até mesmo as velhas que iam assistir à missa na catedral sorriam ao vê-los passar. O casalzinho trazia-lhes recordações da juventude, recordações boas.

Naquele momento eu me dei conta do que torna São Francisco amado de tanta gente. Ele sempre agiu como um homem que acabava de se apaixonar, e todos nós, seja qual for a nossa crença, seja qual for a nossa idade, seja qual for a nossa nacionalidade, nos lembramos disso como de uma coisa boa.

Apaixonar-se é o sonho secreto que mora no coração de cada um de nós. É a expressão humana do mais profundo anseio por união, do desejo de derrubar as paredes que nos separam dos outros.

Quando nos apaixonamos, o mundo inteiro se inunda de repente de uma luz que o nosso coração jamais experimentou. É como se, até então, tivéssemos vivido sob uma nuvem e, agora, pela primeira vez, o sol aparecesse com toda a sua glória.

Nós nos sentimos ligados a tudo; todas as criaturas são nossos irmãos e irmãs. Queremos correr cantando e rindo pelas ruas, abraçando a todos que encontramos.

Para muitos de nós, é a coisa mais próxima de se sentir santo.

A magia de São Francisco está em que sua santidade sempre foi percebida como um amor novo. Ele cantava em praça pública; falava com os pássaros e com os peixes; pegava os insetos e levava-os para a beira da estrada para que não fossem pisados.

Tudo na terra e no céu — as estrelas, os animais, o sol e a lua — era seu irmão ou sua irmã. São Francisco se sentia ligado a todas as coisas vivas, e nada, fosse uma árvore ou uma poça de água, um leproso ou um animal selvagem, nada era insignificante para ele. Ele dançava mundo afora, abraçando tudo quanto via.

Quanto isso se parece com a alegria inocente do amor e quanto isso aquece o coração de todos os que conhecemos a bênção do primeiro amor! Tal qual as velhas que atravessavam a *piazza* de Santa Croce e espiavam os jovens amantes, nós só podemos sorrir na presença da fé alegre e cheia de amor de São Francisco.

Uma das histórias mais extraordinárias que chegou até nós é a do inverno que ele passou no eremitério das montanhas de Sarteano. Uma noite em que estava recolhido em sua cela para rezar, de repente ficou farto daquilo. Dominado por uma solidão profunda e pelo desespero da vida celibatária, sentiu-se seriamente tentado a largar tudo.

Primeiro, tentou mortificar-se fisicamente. Mas, como não deu certo, chegou a uma solução que só a ele podia ocorrer. Seminu, saiu correndo e, no flanco gelado da montanha, pôs-se a fazer, febrilmente, uma fileira de sete bonecos de neve.

Ao terminar, recuou uns passos e começou a dizer em voz alta:

— Muito bem, Francisco, a família que você tanto quer está pronta.

E apontou para um dos bonecos. — Esta é a sua mulher.

Então apontou para os bonecos menores. — Estes são os quatro filhos que ela lhe deu, dois meninos e duas meninas.

Aproximou-se dos dois últimos. — Este é o seu servo; e esta, a sua criada. Mas estão todos nus e com frio. Vá correndo buscar roupa com que vesti-los antes que morram congelados.

Fez uma pausa antes de voltar a falar. — O quê? Você está hesitando? Acha que eles são muitos? Então continue servindo a Deus, amigo, e não volte a pensar em outra coisa.

Existe mais alguém, de qualquer fé, que enfrentaria uma noite escura da alma fazendo uma família de bonecos de neve?

Mas este era o Francisco puro e essencial: atormentado pela solidão intolerável, não ansiou por quem o amasse. Pelo contrário, ansiou por quem ele pudesse amar. É como se a idéia de precisar ser amado nunca lhe tivesse passado pela cabeça. Seu coração pedia não para receber, mas para dar amor.

Esta é a lição que sua oração nos oferece quando nos manda procurar amar, não ser amado. O amor, ele nos diz, é uma coisa que mora no nosso coração. Só ganha vida quando é dado.

Toda vez que nos sentirmos cercados pela solidão, nosso primeiro ato deve ser não o de procurar quem nos ame, mas o de procurar alguém ou alguma coisa a que dar amor. Só assim romperemos a barreira da sensação de isolamento.

Para São Francisco, essa era uma forma de vida. Mas nunca ele a expressou com tanta pureza como durante o rigoroso inverno que passou com seus monges numa cabana abandonada perto de um riacho chamado Rivo Torto.

Era uma época particularmente difícil para os frades. O lugar era tão pequeno que eles mal cabiam entre suas quatro paredes ao mesmo tempo e as rações eram tão escassas que os obrigavam a comer os nabos podres que porventura achavam no campo.

Uma noite, um dos monges se pôs a gemer.

— Estou morrendo! Estou morrendo!

São Francisco se levantou do lugar em que dormia no chão e foi socorrer o homem.

— De que você acha que está morrendo, irmão?

— De fome! — respondeu o religioso.

No mesmo instante, São Francisco mandou todos os outros frades se levantarem e porem a mesa. A seguir, foi buscar toda a comida de que dispunham e a espalhou diante deles, e todos comeram juntos para que o monge que havia reclamado não se envergonhasse de sua fome.

Pode haver uma expressão mais bela da natureza abnegada do amor? São Francisco não criticou; não julgou. Se desaprovou a fraqueza do frade, não o demonstrou. Tampouco agiu por querer elogio ou reconhecimento, ou porque seu coração estava vazio e precisava ser preenchido. Fez aquilo simplesmente porque estava cheio de amor por seus irmãos famintos e queria honrá-los e protegê-los. E nós só podemos imaginar o amor que o monge deve ter sentido por aquele homem delicado que preferiu esconder sua fraqueza a expô-la.

Nesse gesto singelo, São Francisco revela o milagre de um amor que se dá sem esperar retorno.

Amando o monge faminto com toda a sua fraqueza, São Francisco levou amor ao coração dele. E todos os que viram o seu gesto banharam-se igualmente da presença desse amor, porque não podiam senão sentir a delicada pureza com que foi oferecido.

O amor dado tornou-se amor recebido e, uma vez recebido, foi dado novamente. Cresceu, multiplicou-se e difundiu-se entre os frades e, a partir deles, espalhou-se pelo mundo até tocar-nos, hoje, quando guardamos essa história no coração. E há de tocar outros no futuro, quando lhes contarmos essa história ou se tentarmos seguir, na vida, o exemplo de São Francisco.

Tudo isso porque um homem preferiu dar amor a esperar que o amor lhe fosse dado.

Esse é um ensinamento a respeito da generosidade do amor.

O amor é ativo e fecundante. Sua semente precisa ser plantada para que ele cresça.

O amor não julga; não impõe condições. Não espera reconhecimento; não exige resposta. Sua recompensa está no dar, mas ele não espera recompensa nenhuma. Dilata-se até alcançar os que estão ao seu redor, não porque o mereçam ou porque possam oferecer alguma coisa em troca, mas porque fazem parte da criação de Deus e porque toda a criação é digna do nosso amor.

O coração vazio que busca receber amor, não dá-lo, é como um recipiente apertado, no qual as raízes do amor não podem se espalhar. Ele tenta definir o amor e fazer com que ele se amolde às suas necessidades.

Mas o amor que se dá cria raízes onde quiser, e seus ramos se estendem para abrigar os que o cercam. E, quando caem, suas sementes brotam, e o ciclo do amor recomeça.

Isso tudo parece tão simples, tão óbvio. Mas nós, muitas vezes, esquecemos essas verdades.

Quando nos sentimos fracos, procuramos o amor. Quando estamos fortes, nós o cultivamos e o distribuímos à medida que sentimos que o merecem. Só quando estamos transbordantes de amor, como aquele casal na *piazza* de Santa Croce, é que o espalhamos incondicionalmente por toda a criação.

São Francisco, porém, em sua vida e em suas palavras, lembra-nos que o amor que damos, pouco importa por que e em que medida, retorna multiplicado por mil. Ele enche a vasilha da nossa necessidade e se dissemina no mundo como as ondulações na água, chegando a lugares que jamais sonhamos nem imaginamos. Só precisamos confiar que ele precisa, antes de mais nada, ser dado, e tudo o mais se revelará.

Muitas vezes, quando sinto falta de amor ou dureza de espírito, eu busco a companhia das crianças. Elas são puras, não têm artimanhas. Escancaram a janela que dá para o coração humano.

Outro dia, eu estava em uma sala de aula com uma menina que brincava com um grupo de animais empalhados. Ela falava com eles e, segurando-os, envolvia-os numa conversa cheia de imaginação. Cantava docemente para eles enquanto brincava.

Eu a vi aproximar do rosto aqueles bichinhos, beijá-los e cochichar-lhes coisas agradáveis ao ouvido. Estava banhando-os de amor.

Pouco importava que nenhum deles lhe pudesse devolver o amor; bastava que ela os amasse. Como São Francisco, essa menina simplesmente queria uma família para amar.

Nessa noite, voltei para casa com um calor gostoso no coração e pensei na minha família, imperfeita no seu modo de ser, lutando para resolver seus problemas. Pensei nas minhas enteadas e no meu enteado, dos quais sempre tentei ser pai sem roubar o papel do pai deles. Olhei para meu filho, que já chegou a uma idade na qual sou obrigado a afrouxar o abraço no qual tanto quero segurá-lo. Observei minha esposa que, mesmo estando comigo, continua sendo uma pessoa independente, com seus sonhos, seus medos e suas preocupações particulares. E percebi que, como aquela menina, como São Francisco, também eu simplesmente queria uma família para amar e que, dela, nada esperava em troca.

Não pude evitar um sorriso. Nós éramos como os bonecos de neve de Deus: imperfeitos e efêmeros, criados unicamente para que Ele nos inundasse de amor.

A idéia me agradou, e passei o resto da noite com um sorriso nos lábios.

Mesmo quando estava na cama, tentando dormir, conservei o sorriso. E, embora não pudesse vê-lo, reconheci-o, pois eu o tinha no coração.

Era o mesmo sorriso que Giotto pintou nos lábios de São Francisco, o mesmo que vi nos das velhotas que espiavam o jovem casal na *piazza* de Santa Croce, o mesmo que adornara os lábios da menininha que cantava com meiguice para os bichos empalhados. Era o sorriso do amor transbordante, e eu quis chorar de alegria pela bênção que recebi.

12

Porque é dando que recebemos

O professor dedicado, sobrecarregado de trabalho, que diariamente é levado à exaustão; o filantropo que doa muito dinheiro sem pensar em recompensa; o voluntário que atende às necessidades do enfermo ou do indigente — todos eles parecem movidos por uma grandeza de coração que falta à maioria de nós na vida cotidiana. Mas, se lhes perguntarmos por que agem assim, obteremos sempre a mesma resposta: "Porque eu ganho mais do que dou."

À primeira vista, parece um lugar-comum. Porém, se olharmos mais de perto, descobriremos que essa gente conhece um dos maiores segredos da vida: nosso espírito se alimenta com o dar exatamente como nosso corpo se nutre de alimento.

Não se trata de misticismo; não se trata de orgulho. Esta é uma verdade simples a respeito da maneira como a energia da vida flui entre as pessoas quando acontece um momento de doação.

Eu tinha um amigo ator que estudara muito a profissão. Com um mero gesto ou com uma sutilíssima modulação da voz, era capaz de criar todo um mundo de significado numa cena ou numa personagem. Certa ocasião, estávamos discutindo um tema qualquer sobre o qual eu achava que tivera uma idéia profunda. Eu já havia discorrido longamente sobre o assunto quando, de repente, perdi o fio da meada.

Olhei para ele sem jeito e confessei: — Esqueci o que eu ia dizer.

— Eu sei — respondeu o meu amigo. — É que eu não estava prestando atenção.

Ele, que conhecia as conexões sutis entre os seres humanos melhor que qualquer outra pessoa das minhas relações, sabia que o que dá e o que recebe estão ligados entre si por vínculos que a maior parte de nós é incapaz de imaginar.

A partir desse dia, notei esse fato centenas de vezes nas conversas. Não sei dizer se são as deixas sutis da reação do ouvinte ou se é algo mais profundo, mais psíquico. Mas sei que o meu amigo disse a verdade. É a presença emocional e espiritual do ouvinte que dá sentido e energia a quem está falando.

Pergunte a qualquer um que fala ou toca um instrumento em público, e ele dirá a mesma coisa. Existe alguma coisa na ligação entre quem oferece e quem recebe que ou aniquila o momento, ou lhe dá vida.

Quando ocorre uma verdadeira doação, algo novo e vivo é criado no espaço entre quem doa e quem recebe. Duas pessoas que, momentos antes, não tinham nenhum vínculo real abrem-se de súbito uma para a outra — uma oferecendo uma coisa de valor, a outra tendo a bondade de coração de aceitar — e, no espaço intermediário, cria-se algo mágico. Nenhuma delas pode prever o que será, porém ambas se beneficiam, sendo que, muitas vezes, quem doa é quem mais se beneficia.

Volto a me lembrar do momento mais crucial da vida do jovem São Francisco, quando, na curva de uma estrada da planície úmbria, ele deparou com um leproso. Ao apear do cavalo, aproximar-se daquele homem que o horrorizava e beijar-lhe os dedos infectos e purulentos, era ele quem estava dando, mas foi ele quem mais recebeu. De um modo absolutamente inesperado, encheu-se de felicidade e alegria e, daquele momento em diante, seguiu seu caminho, no mundo, praticando atos de doação e caridade sempre e quando lhe era possível.

O leproso também recebeu muito. No seu miserável isolamento, recebeu o que todos nós mais precisamos: a dádiva do contato com o outro. O beijo e o abraço de São Francisco atestaram-lhe que ele era mais do que sua moléstia; era parte da família humana. Mesmo que seu coração estivesse endurecido a ponto de não lhe permitir ver uma dádiva no ato de São Francisco, ele foi tocado e, a esse contato, seu corpo coberto de chagas se alegrou.

Com a dádiva daquele abraço, São Francisco tornou mais rica, mais plena e mais serena a vida de dois homens naquele momento de comunhão. Por intermédio de seu ato de doação, criou significado onde antes não havia. E, assim fazendo, acrescentou algo novo à riqueza e à plenitude da criação.

Nunca devemos subestimar o poder da doação e o que ela é capaz de nos fazer ao coração. Ao dar, abrimos as portas da possibilidade de modo a permitir que a luz do amor penetre. E é nessa luz que acontecem os milagres.

Não me esqueço de uma situação quando eu dava aula de arte sacra num seminário. Um dia, o diretor me procurou e disse: — Há um aluno aqui com o qual eu não sei o que fazer. Ele quer ser malabarista e disso fazer o seu ministério. Não temos quem lhe possa ensinar essa arte. Quem sabe você não concorda em trabalhar com ele?

Protestei alegando que eu nada sabia de malabarismo, mas concordei em conversar com o rapaz.

Quando ele chegou, vi uma pessoa cheia de esperança e possibilidade, um jovem possuído por um sonho impossível. Concordei em orientá-lo, mas só com certas condições.

— Eu nada posso lhe ensinar de malabarismo — disse. — Isso você terá de aprender sozinho. Mas talvez consiga lhe ensinar a fazer dessa habilidade uma dádiva para o mundo. Se quiser que eu o ajude, você tem de prometer não me mostrar um só truque até o último dia de aula e, nesse meio tempo, fazer tudo que eu mandar.

O moço, que se chamava Philip, concordou, e nós tratamos de lhe proporcionar uma experiência de aprendizado. Lemos a história do palhaço de Deus; estudamos São

Francisco como "o alimento de Deus". Falamos na tradição do bobo da corte e lemos os diários de alguns palhaços famosos. Mas nada disso o satisfez. — Eu não quero aprender história — queixou-se o rapaz. — Quero encontrar um ministério.

Na semana seguinte, quando ele chegou, abri a Bíblia no quinto capítulo de Mateus e apontei para as bem-aventuranças.

— Leia isto. Daqui por diante, toda semana você vai sair e apresentar uma bem-aventurança na rua. Só pode usar a linguagem do malabarismo. Está proibido de falar, de explicar a quem quer que seja o que está fazendo. Tem de decidir sozinho como e onde o fará e deve fazê-lo com o coração puro. Nós nos encontraremos todo fim de semana, e você me contará que bem-aventurança apresentou, como o fez e o que aprendeu com isso.

Sendo de natureza arrojada, fascinado com a riqueza da experiência humana, Philip concordou de imediato. Durante as nove semanas seguintes, foi para o centro da cidade com seu saquinho de peloticas vermelhas e procurou dar voz às bem-aventuranças com o testemunho silencioso dos jogos malabares.

Apresentou-se em hospitais, em prisões, na rua, nas casas. Suas façanhas eram engraçadas, angustiantes e comoventes. Um homem lhe deu o casaco que estava vestindo; num lar de deficientes mentais adultos, todos o cercaram e abraçaram. Uma noite, ele foi espancado por uma turma de valentões e precisou submeter-se a tratamento médico. Mas não desistiu.

No fim, só lhe faltava apresentar uma bem-aventurança: "Bem-aventurados os pobres de espírito, porque deles é o reino dos céus." — Como saber quem é pobre de espírito? — ele perguntou. — Onde vou encontrar gente assim?

— A decisão é sua. Não esqueça o nosso trato. — Philip se foi um pouco desanimado. Cheguei a pensar que estava ficando cansado e me senti mal achando que talvez eu lhe tivesse pedido demais.

Mas, na sexta-feira seguinte, quando nos encontramos para discutir a atividade da semana, ele irrompeu no meu escritório mais radiante que nunca.

— O senhor não vai acreditar no que aconteceu! Quase não agüentei esperar até hoje para lhe contar.

E relatou, quase sem fôlego, o ocorrido naquela semana. Ele tinha ido ao hospital municipal, imaginando que as pessoas lá internadas eram "pobres de espírito". Entrou pela porta principal manipulando sua coleção de peloticas. Ninguém lhe deu atenção quando ele foi para o elevador e subiu ao andar dos internos. Ao sair, cumprimentou as pessoas, na enfermaria, sem parar de jogar com as bolas.

— Pois não? — perguntou uma mulher.

Philip se limitou a sorrir e continuou com seus truques.

— O senhor não pode ficar aqui; a menos que seja para visitar alguém. Quem veio visitar?

Ele não disse nada e, sem parar de fazer suas habilidades, foi pelo corredor na direção dos quartos dos pacientes.

A enfermeira o chamou. — Quem é que o senhor vai visitar? Não pode ficar na enfermaria se não for parente de ninguém!

Philip continuou calado.

Ao que tudo indica, a mulher acionou o alarme. No mesmo instante, vieram atendentes correndo de todas as direções. Cercaram-no e começaram a avançar para ele. — Esse sujeito deve ter fugido da gaiola — disse um deles, referindo-se à enfermaria psiquiátrica no quarto andar. — Vamos sedá-lo e levá-lo de volta.

Philip ficou apavorado. Preferia deixar a carteira em casa quando ia praticar o malabarismo, porque tinha medo de ser roubado e agredido. E estava ficando cada vez mais claro que, mesmo se rompesse o nosso trato e falasse para se explicar, ninguém acreditaria na sua história.

Os atendentes se aproximaram mais.

Ele não podia correr. Não tinha como fugir. Uma enfermeira foi buscar a seringa de injeção e o sedativo.

Philip encostou-se numa parede, cercado, encurralado, fazendo seus truques com medo, quando um senhor idoso, vestindo o camisolão do hospital, saiu de um quarto próximo. Depois de olhar para ele e para os atendentes, disse: — Ele veio me visitar. Entre. Eu estava à sua espera.

Os atendentes ficaram confusos. As enfermeiras recuaram.

— Está tudo em ordem — insistiu o homem. — Ele está aqui para me visitar. — E o levou para o quarto. A seguir, voltando a se deitar, o homem fez-lhe sinal para que continuasse com o malabarismo.

Nos trinta minutos seguintes, Philip jogou com as peloticas como nunca tinha jogado na vida. Reclinado nos travesseiros e com um sorriso nos lábios, o homem nada disse enquanto ele não terminou.

Então o aplaudiu.

Philip guardou as bolas e saiu com toda a cautela para o corredor. As enfermeiras ficaram olhando. Parados, de braços cruzados, os atendentes o acompanharam com o olhar quando ele passou.

Philip dirigiu-lhes um sorriso, tomou o elevador, desceu e foi para a rua sem ter dito uma só palavra. Ele nunca tinha visto aquele homem antes. Não sabia quem era nem por que fez o que fez. Só sabia que o salvara de uma situação que podia ter sido muito desagradável.

— O que você aprendeu com isso? — perguntei.

— Que o mundo está cheio de milagres. E que, às vezes, a gente recebe mais do que deu.

— Eu acho que você já encontrou o seu ministério. O curso está encerrado.

Deveras, quando nos arriscamos a nos abrir e a dar, podem acontecer fatos miraculosos. Nem sempre é fácil; geralmente há risco. São Francisco não sabia o que ia acontecer quando decidiu descer da montaria e abraçar o leproso. Philip não sabia o que ia acontecer quando foi para a rua fazer o malabarismo das bem-aventuranças.

Tampouco nós sabemos o que vai acontecer quando acolhemos uma criança em casa, ouvimos a história de uma pessoa que encontramos, damos uma moeda a um mendigo ou lemos uma história num hospital. A única certeza que temos é a de que existe a possibilidade de haver uma magia no espaço entre nós e aqueles a quem damos.

Se tivermos a coragem de confiar nessa magia e não encararmos a doação como uma espécie de diminuição dos nossos recursos, nós, como São Francisco, como Philip, como o professor, o voluntário e o filantropo, ficaremos conhecendo um dos maiores segredos da vida. Saberemos que nada que possamos dar se compara com a dádiva que recebemos quando um coração humano diz: — Entre. Eu estava à sua espera. — Pois é bem possível que, nesse momento, sintamos no espírito um leve toque que todo mundo sente como uma bênção da mão de Deus.

13

É perdoando que somos perdoados

Muitos amigos meus carregam nos ombros o pesado fardo do ódio aos pais. Ficaram impregnados nos meandros da psicologia e vêem seus próprios fracassos, na vida, como um reflexo dos erros cometidos pelos que os criaram.

E é bem provável que tenham razão. O pai alcoólatra, sempre disposto a bater, deixa cicatrizes profundas. A mãe que abandona os filhos ou a eles se apega numa verdadeira orgia de preocupação consigo mesma prende-lhes o coração com cadeias que nunca chegam a se soltar completamente.

No entanto, a vida é uma dádiva; e cada dia, um milagre. Quem insiste em se fixar nas deformações da vida fica cego para a beleza e o mistério do mundo que nos rodeia.

Todos nós fomos prejudicados, todos prejudicamos. De modo indireto, mas muito real, nós prejudicamos a própria terra pelo fato de morar nela: usamos seus recursos para satisfazer nossas necessidades e nosso prazer; tiramos a vida das outras espécies para sustentar-nos. Apesar de tudo, não fazemos bem algum alongando-nos sobre esse assunto. Eles fazem parte do ato de viver e simplesmente mostram que estamos comprometidos com o mundo em que vivemos.

Se quisermos sentir, verdadeiramente, o milagre da vida e a riqueza de cada dia, precisamos aprender a perdoar: a nós mesmos, aos que nos rodeiam e àqueles que nos precederam e que, bem ou mal, ainda nos carregam nos ombros. Essa é a única maneira de desafogar o coração e o espírito para que fiquemos abertos para a plenitude e a beleza da vida.

Muita gente pensa que o perdão acontece no espaço entre as pessoas. E, em muitos casos, é assim. Mas o genuíno perdão começa no eu, pois enquanto não formos capazes de perdoar a nós próprios, não veremos o mundo com clareza suficiente para perdoar os demais.

Sempre levarei comigo a lembrança de meu pai, para quem o estudo era tudo, tentando voltar à faculdade quando se aposentou de toda uma vida de trabalho para sustentar a família.

Hesitando, com medo, matriculou-se no curso de letras, disciplina que sempre o fascinou e da qual ele achava que entendia um pouco. Sendo um homem aplicado e diligente, fez todas as leituras, todas as anotações e freqüentou todas as aulas com muita responsabilidade e muita seriedade. Na dissertação final, escolheu escrever sobre a história da língua inglesa. Trabalhou intensa e longamente nesse projeto, dando-lhe a forma de um diálogo socrático e enriquecendo-o com toda a criatividade e dedicação ao seu alcance.

Lembro-me do dia em que ele me telefonou depois de entregar o trabalho. Seu tom de voz não escondia o seu orgulho. Os anseios intelectuais que haviam passado quarenta anos soterrados finalmente começavam a ver a luz do dia. Ele mal conseguia esperar a resposta do professor.

Pois a dissertação lhe foi devolvida coberta de notas marginais e severos comentários rabiscados em vermelho. Parece que meu pai tinha caído nas mãos de um assistente disposto a atacá-lo e a seus duros esforços na mais pura expressão e no mais puro estilo acadêmico.

Meu pai quase não comentou o sucedido, mas fez questão de me enviar o trabalho. Único membro da família com instrução superior, eu estava preparando meu Ph.D. e era a única pessoa em que ele reconhecia o desempenho acadêmico. A única esperança de salvar o pouco que lhe restava de orgulho e autoconfiança.

Não me lembro exatamente do que eu disse ou fiz. Só sei que "reclassifiquei" a dissertação e nela coloquei um novo conjunto de anotações marginais. Sei com certeza que tinha as melhores intenções, mas também sei com certeza que, no meu esforço para parecer acadêmico e professoral, acabei de destruir a confiança e a determinação de meu pai.

Ele nunca mais se matriculou em curso algum.

Meu pai já morreu. Sua única paixão perene na vida

foi o estudo. Sua maior frustração foi não ter concluído o curso universitário. E a única pessoa capaz de ajudá-lo a manter a cabeça fora da água e estimulá-lo a ir até o fim era eu.

E fracassei.

E vou morrer lamentando esse erro.

Mas a verdade é que foi apenas isso, um erro: um entre os muitos que cometi na vida. Por mais que me doa pensar no dano que esse erro causou aos sonhos do meu pai, o fato é que aconteceu.

É coisa que eu não posso mudar. Não há como voltar atrás. Essa é a parte sombria do legado que hei de deixar neste mundo.

Mesmo assim, não vou me prender a ela. A maior dádiva que sou capaz de oferecer a mim mesmo — e ao meu pai — é perdoar esse erro, por mais caro que tenha custado em termos humanos. Se me prendesse a ele, eu perderia os momentos felizes que meu pai me deixou no coração, e esse momento único contaminaria para sempre a lembrança desse homem e da nossa relação.

Só me perdoando é que hei de conseguir devolver a luz do sol à lembrança do meu pai. E, o que talvez seja mais importante, só perdoando a mim mesmo é que hei de conseguir perdoar os erros e defeitos dele em seu relacionamento comigo.

Esse é o verdadeiro poder do perdão. Faz com que participemos da família humana. Reconhece que todos podemos errar e que todos precisamos ser abraçados e perdoados pelos atos que praticamos ou deixamos de praticar.

Se não perdoamos a nós mesmos, construímos uma muralha de defesa ao redor de nossas ações. Distorcemos os fatos para justificar o nosso comportamento, interpretamos com aspereza o comportamento alheio. Ou mergulhamos numa orgia de auto-acusação que nos impede de dar à vida qualquer contribuição significativa.

Mas, perdoando-nos, outorgamos a nós e aos que nos cercam a liberdade de ser imperfeitos. Reconhecemos que nossas falhas — e as dos outros — são apenas reflexos naturais dos seres humanos a pelejar, com a luz de que dispõem, para fazer o melhor possível neste mundo. Aprendemos a tocar o mundo com delicadeza.

Meus amigos que não conseguem perdoar os pais negam a si mesmos esse contato. Em vez de comemorar o próprio fato de ter recebido a dádiva da vida, decompõem essa dádiva e a acham deficiente. Retiram o perdão daqueles que mais o necessitam e, ao fazê-lo, acorrentam-se a uma interpretação do mundo que fecha as portas para o milagre da possibilidade.

Sempre que penso no perdão, lembro-me da história de São Francisco e do lobo feroz. Segundo relatam, um lobo voraz estava aterrorizando os campos da região de Gubbio, matando todo tipo de gado e todo ser humano que tivesse a infelicidade de atravessar-lhe o caminho.

Apesar das súplicas dos aldeões, São Francisco aventurou-se pelo bosque para falar com a fera e tentar fazer com que mudasse.

Quando finalmente a encontrou, disse-lhe em alto e bom som:

— Irmão lobo, eu estou muito contrariado com os seus crimes. Você tem feito coisas horrendas, tem destruído as criaturas de Deus sem misericórdia. Merece uma morte horrível, e eu entendo perfeitamente que os habitantes de Gubbio o odeiem. Mas, irmão lobo, eu quero que façam as pazes para que eles não precisem mais temê-lo, nem você tenha de recear o ataque de seus cães. Se você fizer isso, vou pedir-lhes que lhe dêem de comer pelo resto da sua vida, pois sei que é a fome que o leva a agir tão mal.

De acordo com a lenda, o lobo o ouviu com atenção e ergueu a pata para mostrar que renunciava às suas incursões violentas. Vendo isso, o povo da cidade se regozijou. Dali por diante, o lobo se emendou. Passou a ser um membro querido da comunidade, ia pedir comida de porta em porta, e todos lamentaram quando ele morreu.

Embora provavelmente essa história seja apócrifa, como tantas outras na vida de São Francisco, é de tal modo comovente que chegamos a desejar que seja autêntica. Mas o importante não é a sua veracidade, e sim o quadro que pinta do perdão e da reconciliação.

Todos temos um lobo dentro de nós. Ele ataca em momentos inesperados e fere aqueles que amamos, podendo, às vezes, aniquilar-lhes o coração e o espírito. Não temos como contê-lo; não temos como obrigá-lo a aquietar-se. Enquanto formos humanos e estivermos vivos no mundo, ele voltará a atacar outra e outra vez e, por mais que nos esforcemos para controlá-lo, prejudicará os outros, mesmo aqueles que de modo algum queremos ver prejudicados.

E os lobos que vivem nos que nos rodeiam também atacarão inesperadamente: o dos nossos filhos, o dos nossos amigos, o dos nossos pais, o dos que encontramos casualmente. E eles nos ferirão.

O que podemos fazer senão perdoar? Acaso somos puros e inocentes para jogar a primeira pedra? Acaso somos os únicos a controlar o lobo no coração?

Meus amigos que se recusam a perdoar os pais guardam o ódio para sempre no coração. Dizem que é impossível perdoar o lobo, que os crimes do lobo são grandes demais. Será que não percebem que também seus pais foram atacados por lobos na vida e, antes deles, seus avós e bisavós?

A vida é muito curta para que congelemos os sentimentos em um momento de erro, seja o que cometeram contra nós, seja o que cometemos contra os outros.

Se não tivesse perdoado o lobo, a população de Gubbio continuaria vivendo em estado de raiva e ódio perpétuos. Muito mais que propriamente do lobo, ela ficaria prisioneira de seus crimes.

Mas o perdoou, do mesmo modo que meus amigos devem perdoar os pais, do mesmo modo que eu devo perdoar a mim, do mesmo modo que todos devemos perdoar o mundo que nos cerca pelas mágoas e as ofensas que nos inflige e pelas que nós infligimos aos nossos semelhantes. E, perdoando o lobo, o povo de Gubbio abriu uma vez mais o coração e libertou o espírito.

Cada dia nos oferece uma oportunidade de perdão. Há quem nos fecha no trânsito; há quem nos trata com grosseria; há quem não aparece no encontro marcado; há um filho, um pai, um marido ou uma mulher que nos magoa com uma palavra ou um ato rude. Ou talvez nós é que falamos com aspereza ou tratamos mal uma pessoa.

Em todos esses exemplos, a maior dádiva que se pode oferecer é o perdão. O perdão é uma coisa que se dá de graça, com merecimento ou não; é uma coisa amável, que se oferece sem pensar em reconhecimento nem em recompensa. É o nosso modo de espelhar bondade no coração de uma pessoa em vez de suscitar a rudeza de seus atos.

Porém, acima de tudo, ele nos une à família humana e nos permite viver ao sol do presente, não na noite do passado. Dentre todas as ações humanas, só o perdão abre o mundo para o milagre da possibilidade infinita. E talvez esse seja o máximo que podemos nos aproximar, em nossa humilde forma humana, do ato divino de perdoar.

14

É morrendo que nascemos para a Vida Eterna

Há muitas maneiras de morrer. A borboleta morre para a lagarta quando abandona a crisálida e cria asas. São Francisco morreu para a vida juvenil dos prazeres físicos quando se postou nu, diante do pai, e renunciou aos bens mundanos. Uma pessoa pode morrer para uma relação anterior ao se comprometer de todo coração com outra.

Mesmo assim, quase todos, ao pensar na morte, pensamos unicamente na morte do corpo. Por isso, é com medo e insegurança que defrontamos `a idéia da morte.

Mas, se expandirmos a nossa compreensão da morte para vê-la como uma mudança de vida, ela pode vir a ser um movimento da escuridão para a luz, tanto quanto costuma ser da luz para a escuridão. Se levarmos em conta as mortes que nos libertam para coisas novas e melhores, tenderemos menos a encarar a morte com medo e mais a recebê-la com esperança.

Quando São Francisco diz que é morrendo que nascemos para a Vida Eterna, não há dúvida de que está se referindo à salvação em uma vida com Cristo. E, para os que abraçam essa crença em toda a sua plenitude, oferece um bálsamo ao espírito e se transforma na estrela polar em torno à qual se pode construir toda uma existência e uma fé.

Porém, mesmo para aqueles que não têm tanta certeza quanto à vida que os aguarda após a morte física, a mensagem de São Francisco dá uma grande lição e oferece uma grande consolação. Ela lembra que nossos atos, no mundo, e nossa capacidade de elevar-nos acima dos limites do interesse egoísta continuam vivendo muito além de nós e representam o nosso humilde papel na formação de um mundo de espiritualidade e paz.

Nunca isso ficou tão claro para mim como há vários anos, quando eu estava dirigindo um seminário sobre a paternidade para um grupo de professores. Na última noite, um nigeriano ficou de vir tocar percussão para nós. Eu não o conhecia; isso tinha sido combinado sem a minha participação. Sua parte na programação era insignificante para mim, e eu não a via senão como um evento de fim de curso passível de ser substituído por uma centena de outras atividades. Mas o homem fora convidado, de modo que concordei de bom grado e mantive a agenda.

Na noite da apresentação, ele chegou cerca de uma hora mais cedo, trazendo uma enorme coleção de tambores de todas as cores, formas e tamanhos. Afinou-os com muito cuidado e os dispôs devidamente para o uso. Um a um, o grupo foi chegando para assistir ao espetáculo e se sentou em círculo, como ele havia determinado. O homem tinha um sorriso incrivelmente envolvente, seus modos eram tão dignos que nós ficamos sem jeito e nos sentimos algo diminuídos. Mas sua simpatia dissipou rapidamente a nossa timidez, e não tardou para que nos puséssemos a batucar juntos, procurando um ritmo e uma expressão comuns.

Fiquei admirado com essa experiência, muito mais significativa do que eu esperava. O nigeriano e seus tambores geraram, entre nós, uma alegria e uma camaradagem que não existira até o momento em que ele chegou. A música se transformou em uma metáfora da comunidade e nos deixou comovidos com o que havíamos criado.

Pouco antes das nove — a hora marcada para o fim do evento — algumas pessoas lhe pediram que ficasse um pouco mais. Ele sorriu com amabilidade, porém disse:

— Sinto muito, mas eu preciso ir embora.

Como já nos sentíamos muito próximos dele apesar do pouco tempo que havíamos passado juntos, insistimos.

— Só mais um pouquinho.

— Não posso — ele explicou. — Tenho de tomar o avião. Estou voltando a Lagos para o enterro de minha mãe.

Nós ficamos chocados. Aquele homem se dedicara totalmente a nós, estivera inteiramente presente, havia nos tratado como se, para ele, nossa atividade fosse a coisa mais importante do mundo. E, apesar disso tudo, seu coração estava carregando o peso da morte de sua mãe.

— Para o enterro de sua mãe? — perguntamos com incredulidade.

— É. Estava marcado para a semana passada e não podemos adiá-lo outra vez.

— Por que foi adiado? — alguém quis saber.

— Porque eu tinha prometido vir aqui e ficar com vocês — ele respondeu com naturalidade. — Por isso eu o adiei.

— O senhor adiou um enterro por nossa causa?

O nigeriano abriu aquele sorriso meigo, carinhoso, que nos encantara o tempo todo.

— Claro que sim. Os nossos enterros não são como os de vocês. Muita gente precisa ir.

— Quantas pessoas?

— Umas cinco mil. Toda a aldeia dela.

E nós, que éramos uns trinta, ficamos todos estupefatos. — Quer dizer que o senhor o adiou por nossa causa?

O nigeriano tornou a sorrir.

— Sim. Eu tinha me comprometido a vir. Foi uma honra ficar com vocês; eu estou muito agradecido.

E, com isso, ele foi embora.

Todos nós ficamos assombrados e em silêncio, impressionados com o senso de dignidade e com a simpatia que aquele homem nos trouxera. Um a um, fomos nos levantando e voltando para as nossas salas, todos perdidos em pensamentos e sentimentos.

Havia outras atividades na manhã seguinte: as apresentações, as providências finais, os abraços e as despedidas. Mas em cada coração tinha ficado gravada, indelevelmente, a imagem daquele homem delicado que adiara o enterro da mãe, do outro lado do mundo, para passar algumas horas com um grupo de trinta desconhecidos simplesmente porque ele havia dado sua palavra.

Não sei o nome desse nigeriano. Aliás, nem me lembro de sua aparência. Em todos os sentidos físicos, para mim ele está tão morto como se tivesse morrido de fato. E ouvi dizer que morreu mesmo. No entanto, continua vivendo eternamente no meu coração como o homem que me ensinou alguma coisa sobre a honra, a dignidade serena e a simpatia de espírito. E vou tentar ensinar a meus filhos o que ele me ensinou e pedir-lhes que o ensinem aos seus.

No nosso coração, esse homem nunca morrerá.

Esses fatos ocorrem diariamente, alojam-se em nosso coração para se tornar parte do legado da nossa vida. Formam-nos o espírito e tocam o espírito daquele que nós tocamos.

Lembro-me de certa ocasião, quando eu era menino, em que vi um casal idoso atravessando a rua. Para mim, eles eram incalculavelmente velhos: cabelos brancos, as costas curvadas, as mãos trêmulas, os passos inseguros.

Aproximaram-se cautelosamente do meio-fio e, juntos, foram para o meio da rua. O homem segurava o braço da mulher — ainda vejo a cena hoje. Segurava-a para atravessar a pista, muito embora ele mesmo andasse tropegamente.

O sinal mudou; os carros começaram a buzinar. Mas o homem não hesitou, não tirou os olhos nem largou o braço da esposa. Ia levando-a, dando-lhe apoio, ainda que mal pudesse se sustentar nas pernas. E ela se apoiou nele com toda fé e confiança, como se o marido fosse a própria rocha da segurança. Aquela fé os tornava mais fortes. Juntos, eles enfrentaram o trânsito, um apoiado no outro e na fé em seu amor.

Eu não devia ter mais de seis anos de idade. Nada sabia de generosidade, de abnegação. Mas, naquele momento, aprendi mais sobre a firmeza do amor do que em todos os anos precedentes. Aquele homem e aquela mulher, que nem sabiam que estavam sendo observados, estabeleceram, para mim, um padrão ao qual sempre hei de aspirar. Com os braços dados e as mãos trêmulas, prepararam o cimento da minha infância.

Tal qual o nigeriano simpático, esse casal sempre estará vivo para mim. Quando me sinto tentado a ser grosseiro com meus familiares ou me vejo inclinado a afirmar a minha vontade sobre a de minha esposa ou a dos meus filhos, a imagem desse casal aparece e me orienta.

Eles têm vida eterna no meu coração.

Quem há de saber o que deixamos para os outros quando saímos de sua vida? Ainda que já não estejamos fisicamente presentes para eles, com nossas palavras e ações, formamos uma pequena parte de seu ser. E, no curso da existência, eles tomarão o que neles formamos e ajudarão a formar outras pessoas.

Tudo o que fazemos é eterno. Cabe-nos determinar quais são os que têm vida e aumentam a luz do mundo e quais os que aumentam a escuridão. O que São Francisco nos convida a entender é que as ações que dão mais luz a este mundo são as que provêm da morte do interesse egoísta.

A consciência do eu é o nosso maior enigma. Por um lado, separa-nos dos demais e estabelece nossa individualidade; mas, por outro, é algo que compartilhamos com todos os outros seres humanos, de modo que acresce nossa humanidade comum.

Quando agimos a serviço de nossos interesses egoístas, aumentamos a separação. Quando morremos para esses interesses, ampliamos a comunhão.

O homem que foi tocar percussão para nós tinha morrido para os seus interesses egoístas e, por isso, ele tocou cada um de nós no centro de nossa própria humanidade e sempre continuará vivendo como um instrumento da paz de Deus em nosso coração. O casal de velhinhos que, sem saber que estava sendo observado, agia um no interesse do outro, não no interesse egoísta de cada qual, conseguiu abrir o coração de um menino para a realidade do amor.

Se formos capazes de morrer para a parte de nós que nos separa dos outros — nossos desejos individuais, nosso interesse egoísta, as atitudes e emoções que nos cercam de paredes —, se formos capazes de viver para a parte que temos em comum com os demais — as emoções humanas, a capacidade de servir, o amor pela terra e pelas coisas que nela vivem —, saberemos usar o eu como um modo de abraçar o mundo e de ser um só com os corações daqueles que encontramos.

Trata-se de um equilíbrio raro e delicado, pois nunca se pode estar realmente livre do sentimento de nós mesmos. Contudo, é possível reconhecer que é despojando-nos do nosso ponto de vista, de nossas exigências, que nos abrimos verdadeiramente para o mundo e para o seu conteúdo mágico.

O artista que se entrega ao pintar o retrato de outra pessoa, ou a enfermeira que tenta se unir à dor e ao medo do enfermo conhecem esse equilíbrio em termos cotidianos. Caminham sobre a tênue linha que separa sua própria consciência da do próximo, indo e voltando conforme o necessário, para usar sua capacidade no serviço da visão com a qual estão comprometidos.

Todos nós, na vida diária, somos convocados a caminhar nessa mesma linha tênue. Quando abrimos o coração para ouvir alguém, não para aconselhar, mas a fim de estar presentes para seus medos e seus sonhos; quando damos com desprendimento o nosso tempo ou a nossa energia com o intuito de ajudar quem necessita: são essas as ocasiões em que morremos para o eu e vivemos para a vida eterna. Pode ser que nem sempre consigamos livrar-nos totalmente do interesse egoísta, mas, se estivermos plenamente vivos para o interesse dos outros, teremos chegado muito perto disso.

Nossa vida é o nosso testemunho, e esse testemunho é o legado que deixamos. É o que continuará vivendo neste mundo quando tivermos partido. Se o nosso testemunho for o do egoísmo, o legado eterno que deixaremos será o do egoísmo. Se o nosso testemunho for o do amor, o da bondade e daquilo que o coração humano tem de melhor, ele seguirá vivendo no coração dos outros quando tivermos partido.

Embora São Francisco dissesse que, através do nosso testemunho, nós alcançamos a vida eterna no céu, talvez não seja errado dizer, mais modestamente, que o nosso testemunho tem vida eterna aqui na terra. Se o que ligamos com nossas ações, aqui na terra, também se ligar no reino eterno além do véu do conhecimento, mais abençoados seremos.

Porém, é suficiente saber que, na grandiosa sinfonia da criação, nós fizemos a nossa parte com pureza, humildade e sem desarmonia. Quando partirmos e o nosso espírito subir e abrir mais um orifício no firmamento, teremos certeza de que a luz de Deus chegará com um pouco mais de brilho a este mundo. E de que, em algum lugar, em algum tempo, uma pessoa que vier depois de nós ficará um breve instante na presença dessa luz e saberá, ainda que só por um momento, que também ela foi chamada a ser um instrumento da paz de Deus.